...방구석이 좋을 리가 있나

추천의 글

낮은 자리에서 들려오는 소리에 귀 기울이는 일

김기석 | 청파교회 원로목사

추천의 글을 부탁받았지만, 왠지 편지를 쓰고 싶어졌습니다. 직접적인 정서를 전달하기에는 편지의 어조가 더 적절하다는 생각이 들었기 때문입니다. 만난 적도 없고 알지도 못하는 이에게 편지를 쓴다는 것은 참으로 어색한 일입니다. 그럼에도 불구하고 이 형식을 택한 것은, 이 책 속에서 만난 분들의 삶의 이야기가 전혀 낯설지 않았기 때문입니다.

태어나서 세상을 떠날 때까지 큰 굴곡 없이 살아가는 이들도 있지만, 정신을 가다듬을 틈도 없이 잇따라 밀려오는 문제의 파도에 휩쓸려 숨 쉴 여유조차 잃는 이들도 있습니다. 그래서 사람들은 인생을 '고해苦海'라 부르는지도 모르겠습니다. 동생 아벨을 죽인 뒤 죄책감과 두려움에 떨던 가인은 에덴의 동쪽, 놋 땅으로 이주해 살았습니다. '놋'은 '유리하다' '방황하다'라는 뜻을 지니고 있습니다. 성경은 하나님을 등지고, 이웃 사랑에 실패한 이들의 형편을 지명의 의미를 통해 넌지시 드러냅니다. 두려움과 불안은 몸을 가진 인간이라면 누구나 지닌 깊은 그림자입니다. 불안이라는 근본 기분은 아무리 떨쳐버리려 해도 떨어지지 않습니다. 불안을 삶의 일부로 받아들이며 묵묵히 살아내는 이들도 있지만, 그 불안에 사로잡혀 허둥대는 이들도 있습니다.

벗어나려 애쓸수록 더욱 빠져드는 개미지옥에 갇힌 듯한 감정, 세상이 낯선 곳으로 변해버리는 체험 속에서 사람은 고립과 절망에 휩싸이곤 합니다. 다른 이들은 아무 일 없는 듯 천연덕스럽게 살아가는데, 홀로 외딴 섬에 갇힌 것 같은 고립감을 느낄 때, 절망은 슬그머니 우리 옷자락을 잡아당깁니다. 설 땅이 없고 정서적으로 기댈 언덕이 없다고 느낄 때, 사람은 덧없고 냉혹한 세상에 분노하거나 자기 존재를 무화시키려는 생각에 사로잡히기도 합니다. 성정이 착한 이들일수록 문제의 근원을 자신의 무능이나 나약함에서 찾는 경향이 있습니다. 그때 시작되는 것이 '생의 멀미'입니다. 움직이기 싫고, 움직일 수 없다는 무력감 속에서 사람은 은둔과 고립의 시간을 맞습니다. 인생에 찾아온 짙은 어둠입니다.

그러나 스스로 빛 가운데 살고 있다고 여기는 이들은 이 어둠 속의 이들을 이해하려 하지 않습니다. 오히려 비난을 퍼붓습니다. 그렇게 고립은 더욱 깊어집니다. 성경은 일관되게 낮은 자리에서 세상과 사람을 바라보라고 말합니다. 낮은 자리는 소외된 자리이며, 짓밟힌 이들이 머무는 자리입니다. 그 자리에 서보지 않고서는 삶의 실상을 온전히 이해할 수 없습니다.

여러분이 겪은 어둠의 시간은 스스로 선택한 것은 아니지만, 달의 이면처럼 눈에 보이지 않던 삶의 진실과 대면하는 시간이었습니다. 절망의 심연에 빠져본 이가 아니면, 지금 절망에 빠진 이들을 도울 수 없습니다. 어둠을 생생히 경험해보지 않은 이는 빛의 아름다움을 진정으로 노래할 수 없습니다. 여러분은 생존자이자 증언자입니다. 그리고 길을 잃은 많은 이들의 안내자가 될 수 있는 분들입니다.

생텍쥐페리의 『어린 왕자』에서 어린 왕자는 뾰족한 산 위에 올라 외쳤습니다. "나는 외롭다, 나는 외롭다." 그러나 응답한 것은 메아리뿐이었습니다. 지금 세상 곳곳에서도 이 외침이 들려옵니다. 성공의 사다리를 오르기에 여념이 없는 이들의 귀에는 그 소리가 들리지 않습니다. 하지만 '행복공장'은 낮은 자리에서 들려오는 그 신음소리를 하늘의 부름으로 들었습니다. 그리고 그 부름에 응답한 사람들이 함께 만들어낸 환대의 공간이자, 많은 이들을 품어주는 마음의 고향이 되었습니다.

세상은 끊임없이 사람들을 고립시키고 외롭게 만듭니다. 그런 세상의 흐름을 거슬러 사람들을 이어주고 함께 걷게 하는 일, 그것이야말로 거룩한 삶이 아닐까요? 행복을 바라면서도 불행을 향해 질주하는 사람들에게 '행복공장'은 일깨워줍니다. 진짜 행복은 보살핌과 연결, 그리고 신뢰에 있다고. 이 멋진 순례의 길에 들어선 모든 분들을 축복합니다.

추천의 글

고요 속에서 다시 피어나는 힘

금강 스님 | 중앙승가대학 교수

움직이지 않으면 몸의 근육이 약해지듯, 오래 멈춰 있으면 마음의 근육도 쇠합니다. 그래도 누구나 본래 맑고 자비로운 마음을 지니고 있습니다. 『방구석이 좋을 리가 있나』는 그 믿음으로, 차갑던 방을 따뜻한 도량으로 바꾸는 사람들의 이야기입니다. 판단보다 경청으로, 훈계보다 환대로, 두려움 속에 웅크린 이들이 스스로 일어설 힘을 되찾도록 곁을 지켜줍니다.

행복공장은 '고쳐주는 곳'이 아니라 '함께 머무는 곳'입니다. 서둘러 끌어내기보다, 안전한 자리를 지어 주고, 스스로의 호흡을 다시 만날 시간을 건넵니다. 내쉬는 숨 하나, 들이쉬는 숨 하나가 흐트러진 마음을 모으고, 작은 눈맞춤 하나가 끊어진 신뢰를 다시 잇습니다. 그렇게 사람들은 "나는 괜찮지 않다"라는 고백에서 출발해 "그래도 살겠다"라는 다짐으로 한 걸음을 뗍니다.

낙엽이 모두 져야 단단한 몸통과 뿌리가 드러나듯, 겨울을 건너는 시간은 허망함이 아니라 성장의 밑거름입니다. 떨어진 잎이 흙이 되어 새순을 밀어 올리듯, 상처의 기억도 시간이 지나면 생명의 거름이 됩니다. 행복공장은 그 고요를 안전하게 지켜, 상처가 흙이 되고, 흙에서 새잎이 돋게 하는 일을 합니다. 낮은 자리에서 들려오는 작은 목소리에 귀 기울일 때, 우리는 서로의 빛이 됩니다.

이 책은 누군가를 앞세워 자랑하지 않습니다. 대신 작고 소박한 회복의 순간들을 모아 보여줍니다. 방에서 문턱까지, 문턱에서 마당까지, 마당에서 길 끝까지. 크지 않지만, 결코 사소하지 않은 승리들입니다. 한 사람의 평온은 이웃의 숨을 고르게 하고, 한 번의 환대는 다음 사람의 용기를 깨웁니다. 그래서 한 걸음이 둘이 되고, 둘이 넷이 되며, 결국 길이 생깁니다.

부디 이 책을 천천히, 쉼처럼 읽으시길 청합니다. 스스로를 다그치기보다 어루만지듯 넘기다 보면, 각자 마음 안의 본래성 위에 평온과 자비가 다시 자라날 것입니다. 낙엽이 다 떨어질 때 비로소 나무의 기둥이 드러나듯, 우리 또한 비워냄 속에서 단단해집니다. 머무를 자리가 있어야 나설 발걸음이 생기고, 함께 걷는 길에서 행복은 더 멀리 퍼집니다.

방을 나서는 한 걸음 한 걸음이 등불처럼 밝혀지기를, 그 빛이 서로를 비추어 결국 모두의 길이 되기를 축원합니다. 여러분 안의 맑고 큰마음을 믿으십시오. 이미 그 마음이, 여러분을 다시 삶으로 이끌 것입니다.

추천의 글

걱정보다는 신뢰를, 비난보다는 침묵을

임순례 | 영화감독

다양한 상황의 은둔 청년들을 기록한 『방구석이 좋을 리가 있나』 원고를 읽으면서 새롭게 두 가지 생각이 떠올랐다.

첫 번째는 은둔을 택하는 사람들은 실로 남들보다 더 섬세한 감각을 가졌고 기본적으로 배려심이 많은 사람들이라는 것이다. 그러한 성정을 가졌기에 상처를 더 쉽게 받고 남에게 최대한 폐를 덜 끼치기 위해 최대한 자신을 작게 웅크리다가 어느새 굳게 닫힌 방문 앞에서 서성이는 존재가 되었을 것이다.

닫힌 방 밖의 가족들은 그를 어떻게 대할지 몰라 서로 간의 오해와 불신은 더욱 깊어지기만 하고 해결의 길은 더욱 멀어진다. 은둔 청년이 방문을 열고 나오는 데 있어서 당사자의 의지가 가장 중요하다는 것은 너무나 당연한 이야기라 새삼 다시 반복할 필요는 없을 듯하다. 그러나 이미 심신이 쇠약해진 그들에게는 옆에서 부축하는 힘이 절대적으로 필요하다.

방문을 열고 나가려는 의지와 용기라는 작은 화분에는 가족과 친구, 사회의 관심과 응원이라는 물과 햇볕과 영양분이 필요한 것이다. 행복공장의 세심한 부축을 받고 세상 밖으로 한 발을 내딛는 그들에게 지속적인 관심이 필요한 이유가 이 책에 기술되어 있다.

이 책을 읽으면서 내가 느낀 두 번째 깨달음은 나 역시 은둔 청년이었다는 자각이다. 나는 고등학교 자퇴라는 용어가 희귀하던 1970년대 말 학교를 그만두고 2년간 '무위도식'의 시간을 거친 경험이 있다. 그동안 단 한 번도 내가 은둔 청년이었다는 생각을 해본 적이 없었는데 이 책을 읽으며 '나도 은둔 청년이었네'라는 인식을 처음으로 하게 되었다.

나는 그 기간에 방안에만 머물지는 않았고 가족 및 주변인들과 대화를 단절한 적도 없었지만, 무질서한 생활로 인해 20kg 넘게 살이 쪘고 미래에 대한 계획 등은 전무했으며, 젊은 시절에 누릴 수 있는 일상의 다양한 기쁨은 생략된 나날이었다. 친구들이 학교에 가고 입시에 전념할 동안 어떤 강요도 없이 늘어진 삶은 내 체질에 맞았고 평생 그렇게 살아도 문제가 없을 듯싶었다.

그러다 어느 날 고등학교 중퇴의 학력에 집안 경제 사정도 넉넉하지 않은 나의 환경에서는 평생 놀고먹는 일이 불가능하다는 엄중한 인식에 이르렀다. 그 인식은 나를 자극해 검정고시 공부를 시작했고 이후 남들보다 2년 늦게 대학진학에 성공하면서 소위 사회적 궤도에 진입하게 되었다.

돌이켜 생각해보면 나를 그 상황에서 탈출시킨 건 나의 엄중한 현실 인식 덕택이지만, 가족이나 주변의 비난이 배제된 무관심 덕도 컸던 것 같다. 그 누구보다도 가장 내면이 힘들 은둔자에게 가혹한 비난이나 대안 없는 지나친 걱정보다는 신뢰를 바탕으로 묵묵히 지켜봐 준다면 본인의 현실 인식 감각이 천천히 돌아올 수 있을 것이다.

우리 모두는 상황에 따른 잠재적 은둔자이며 스스로 일상성을 회복할 수 있는 능력이 있는 사람들이라는 사실을 잊지 말았으면 좋겠다는 바람으로 글을 맺는다.

… 방구석이
좋을 리가 있나

고립과 은둔의 시절 넘어가기

햅삐펭귄 프로젝트 지음

파람북

> 프롤로그
>
> # 성공의 그늘 속에 남겨진 상처
>
> 노지향

모든 몸을 같은 길이로 재단하는
잔혹한 프로크루스테스의 침대 위에서
사람들의 발목은 잘리고
손목은 늘려졌다
꿈은 꺾이고
행복은 미뤄졌다

우리 대부분은 사회가 정해놓은 '정답'에 맞춰 재단된 삶을 살고 있다. 나의 발이 잘리고, 팔이 늘려진 채로. 내가 어디로 가는지 무엇을 원하는지 물을 겨를도 없이, 옆 사람을 돌아볼 여유는 더더욱 없이 정답에 나를 끼워 맞추려 안간힘을 쓴다. 정답의 삶에 맞추면 성공이고 그렇지 못하면 실패라 한다.

프로크루스테스의 침대에서 도망쳐 자신의 방에 몸을 숨긴 은둔·고립 청년들. 그들은 실패자인가? 성공한 듯 보이는 이도, 실패한 듯 보이는 이도 모두 행복하지 못하다면 바로 그것이 진짜 실패이겠지.

행복공장*이 은둔·고립 청년 문제에 관심을 가지고 그들을 위한 프로그램을 시작한 지 5년이 넘었다. 그동안 스스로를 방에 가두고 대부분의 관계를 끊은 채 오랜 시간을 지낸 청년들을 많이 만났다. 2~3일의 짧은 프로그램으로 만난 청년도 있고 가족보다 더 자주 더 진하게 만나온 청년도 있다. 방에서 나온 지 1년도 안 되었지만 일상생활이나 대인관계에 큰 어려움이 없어 보이는 청년도 있고, 수년이 지났어도 여전히 사람들과의 관계가 힘들고, 고립-재고립, 은둔-재은둔을 반복하는 청년도 있다.

이런 청년들을 만날수록 분명해지는 사실이 있다. 그들이 방에 들어간 것은 개인이나 가족의 잘못이 아니며, 방에서 나오는 일도 청년 개인의 의지나 가족의 노력만으로는 불가능하다는 것이다. 무엇보다 중요한 건 이들은 실패자가 아니라는 사실이다. 지금은 힘없고 부족해 보일지라도

---

* 행복공장은 2009년 나와 남편 권용석이 함께 설립한 비영리 사단법인이다. '성찰과 나눔으로 여는 행복한 세상'을 모토로 다양한 치유, 성찰 프로그램을 운영하고 있다.

그들 안에는 우리를 살릴 대안의 가치가 있다고 믿는다.

지난 5년간 은둔 경험이 있는 많은 청년들과 다양한 프로그램으로 만났다(4부에서 자세히 설명하겠다). 그 사이 행복공장은 부자가 되었다. 행복공장이 도움을 청할 때 묻지도 따지지도 않고 달려와 주는 청년이 많아졌으니까. 이제 오랜 은둔 경험을 딛고, 그것을 발판 삼아 부쩍 큰 청년들의 이야기를 들어보면 좋겠단 생각이 들었다. 여전히 그들의 삶은 오르락내리락 들락날락하지만, 바닥까지 내려가 본 사람만의 겉치레 없는 진정성을 보여줄 것이다. 고통의 심연에서 길어 올린 그들의 말 한마디 한마디는 비슷한 어려움을 겪고 있는 청년들과 가족은 물론, 그렇지 않은 이들에게도 깊은 울림을 전할 것이다.

지금 은둔·고립 문제는 청년을 넘어, 청소년에서 중년, 장년까지 확산되는 뚜렷한 징후를 보여주고 있다. 무척 심각한 상황이다. 당사자나 그들의 가족, 혹은 특정 세대가 해결할 수 있는 문제가 아니다. 사회 전체가, 모든 세대가 머리를 맞대고 마음을 모아 문제의 원인을 진단하고 해법을 찾아야 한다. 이 책도 청년과 중장년 세대가 함께 기획하고 만들어 내려 한다. 청년이 말하고 장년이 쓰고, 후배가 묻고 선배가 답하는 식으로.

우리 기성세대가 만든 지금의 세상. 비록 악의를 가지고 이렇게 만든 건 아니어도 우리 안의 탐욕, 어리석음과 무관할 수 없다. 21세기 대한민국의 성공, 화려함 이면의 그늘 안에서 오래 고통받고 상처받아 아프고 움츠린 청춘들. 참 미안하다. 이런 세상에 살게 해서. 놓치고 잃어버린 게 있다면 같이 찾아보고, 새로 만들어야 할 것이 있다면 만들어도 보고 그렇게 해보면 좋겠다. 너무 오래, 중요한 것을 좇는다는 핑계로, 위한다는 변명으로 보지 않고 듣지 않아서 생긴 일이다. 잘 보고 잘 듣고 그렇게 하다 보면 세상 무엇보다 귀한 청춘들에게 또 우리 모두에게 이로운 길을 찾을 수 있겠지. 프로크루스테스 침대에서 탈출한 청년들과 함께 각자에 맞는 침대를 만들어 볼 수 있겠지. 그럴 수 있기를!!

이 책이, 숨쉬기 힘들어하는 이 시대 청년들을 이해하고, 그들의 상황을 우리 모두의 문제로 받아들이는 계기가 되길 바란다. 각자의 방식과 모습으로 자신의 행복을 함께 찾아가는 녹록지 않은 여정에 이 책이 작은 디딤돌이 되길 바란다.

차례

| 프롤로그 | 성공의 그늘 속에 남겨진 상처 | 015 |

1장 펭귄 씨, 아직 방에 있나요?
은둔을 이해하기 위한 첫걸음

| 어린 펭귄의 길고 험난한 여행 | 023 |

2장 여기도 펭귄 있어요
은둔의 시간 속에서 놓치지 않은 마음들

| 홍천으로 가는 화요일 | 백지의 이야기 | 057 |
| 애벌레의 시간 | 감자의 이야기 | 069 |

불편해할 용기	YB의 이야기	083
친절한 현재 씨	현재의 이야기	098
멈춰 있는 시간 사이에	이민정 님의 이야기	112
기다림은 열린 문	김영옥 님의 이야기	125
은둔이 은둔에게	승규의 이야기	140
나의 정서적 외갓집	초롱의 이야기	154

3장 함께 걸어주는 어른이들
함께 길을 찾고자 고민해 온 사람들의 생각

세상에서 제일 멋진 풍경	177
그대, 다채롭게 빛나는 섬이기를	193

4장 춥지만, 춥지 않은 겨울바다에서
더 늦기 전에 우리가 해야 할 일

닫힌 문, 함께 열며	219

에필로그	이제 서로를 행복으로 물들여야 할 때	245

1장 펭귄 씨, 아직 방에 있나요?
은둔을 이해하기 위한 첫걸음

• 어린 펭귄의 길고 힘난한 여행 | 권예철

은둔은 혼자가 되기 위해 스스로 선택한 길이 아니다. 그들에게 방 안은 포기가 아니라 버티기였다. 길을 잃은 어린 펭귄이 한동안 웅크리고 눈보라를 버텨내듯, 이들 역시 잠시 멈추어 설 수밖에 없었던 것이다.

1부에서는 은둔의 본질을 '사회 속 고립'으로 바라보며 질문한다. 우리는 지금, 청년들에게 다시 세상과 연결될 수 있는 다리를 놓고 있는가. 우리 사회는 어린 펭귄에게 너무 추운 것은 아닌가.

어린 펭귄의 길고 험난한 여행

하나. 행복한 펭귄 이야기

아기 펭귄은 털갈이 전까지 부모 펭귄의 보살핌 속에서 먹이를 받아먹고, 물에 젖지 않는 따뜻하고 안전한 환경 속에서 자란다. 털갈이 전 아기 펭귄의 털은 방수 기능이 없어 물에 젖으면 체온을 유지하기가 어렵고, 혹 물에 빠지게 되면 쉬이 목숨을 잃기 때문이다.

삶을 살아가다 보면 누구나 견디기 힘든 일을 겪는다. 누군가는 털갈이를 마치고 나서, 누군가는 채 털갈이를 마치기 전, 솜털이 듬성듬성 나 있는 채로, 누군가는 솜털뿐인 상태로 차가운 바다 한가운데 던져진다. 나날이 더워지는 지구에 빙하가 녹아 설 곳이 없어져 점점 쉬이 물에 빠지는 펭귄처럼, 욕망과 탐욕, 이기심과 경쟁으로 과열된 대한민국의 젊은이들 역시 갈수록 발을 디딜 곳이 없어지고 있다. 그들은 충분히 보호받지 못했고, 털갈이를 마치지 못한 채 물에 빠졌다. 그리고 자신의 탓이 아님에도 물에 빠졌다는 이유로, 나아가지 못했다는 이유로 손가락질받는다. 그렇게 매일 수많은 이들의 삶이 얼어붙어 간다.

이 책의 첫 챕터를 쓰는 나 역시 대한민국을 살아가는 수많은 청년 중 한 사람이다. 현재 '칸'이라는 닉네임을 갖고 비영리단체를 운영하는, 돈은 안 되고 힘은 많이 드는 커리어를 쌓아가는 중이다. 분명 세상이 '정답'이라 말하는 길에서 벗어나 있지만, 나만의 침대에서 나만의 꿈을 꾸며 살아가고 있다. 그것이 남들과 조금 다를지라도 내게는 충분하고, 나는 제법이나 행복하다. 첫 챕터의 시작으로, 세상이 말하는 '정답' 너머의 행복을 찾아 살아온 내 이야기를 조금 풀어보려 한다.

어린 시절 내게 세상은 그저 행복한 곳이었다. 부모님 손을 잡으면 하늘을 날 수 있었고, 새까만 어둠도 아버지의 등 뒤에서라면 두렵지 않았다. 아버지의 손은 늘 크고 따뜻했으며 어머니는 언제나 지혜롭고 자애로웠다. 물론 흔히 있을 법한 어려움도 있었고, 건강에 크고 작은 문제도 있었지만, 더없이 사랑받았기에 소중한 것들로 가득한, 불평할 것 없는 삶을 살아갈 수 있었다. 결국 크고 작은 어려움과 좋지 않았던 건강 등 내게 찾아온 먹구름은 지나갔으며, 그렇게 별 탈 없이 살아갈 것만 같았다. 내게는 누구보다 사랑하고 존경하는 부모님이 있었기에, 세상은 행복한 곳이었고, 어려움이 있을지라도 결국 나는 행복하리라 믿었다.

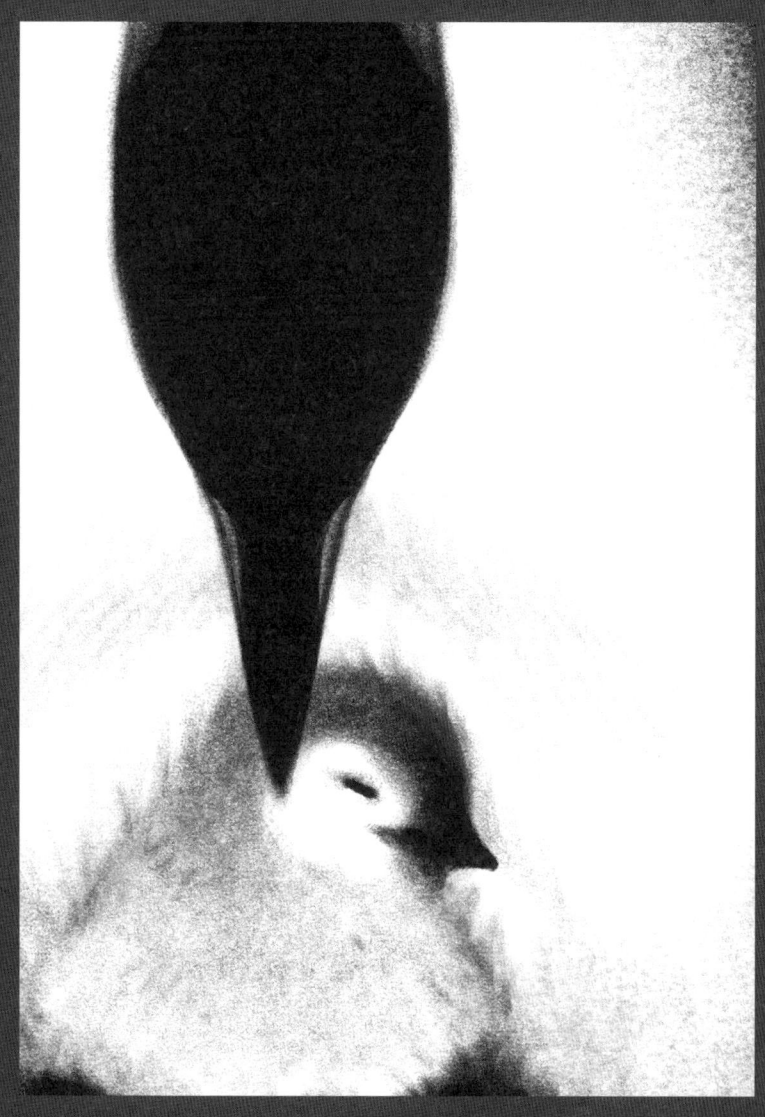

2009년, 아버지께서는 지금 내가 몸담고 있는 행복공장을 설립하셨고, 평생 모은 재산의 대부분을 쏟아부어 가며 남을 돕는 일을 이어갔다. 주변에서는 미친 짓이라고 했지만, 아버지께서 오래도록 하고 싶어 하시던 일이었기에 어머니와 나는 한 번의 반대도 하지 않았다. 그렇게 행복공장은 세상에 태어났고, 나는 그와 관계없이 나의 꿈을 향해 살아갔다. 그러나 그 시간은 오래가지 못했다. 몸이 약했던 어머니와 암 진단을 받고 점차 기운을 잃어가던 아버지를 바라보며 나는 이루고자 했던 꿈을 잠시 내려놓고 부모님을 돕기로 결심했다. 내게는 꿈보다 가족이 훨씬 소중했으니까. 그렇게 시작한 행복공장에서의 일은 그렇게 괴롭지도 어렵지도 않았다. 나름의 보람도, 즐거움도 있었고 적성에도 잘 맞았다. 다만, 내게 다른 꿈이 있어서인지 좀처럼 내 일로 느껴지지가 않았다.

그렇게 수년이 지났다. 아버지의 회복을 간절히 믿고 바랐지만, 시간이 흘러도 호전되지 않았고, 부모님을 향한 사랑, 죄책감, 부채감은 점점 커져 나를 이 일에 붙들어 두었다. 나를 위한 선택이 아닌 부모님을 위한 선택으로 삶을 채웠고, 그 선택들이 내 삶을 채울수록 자신에 대한 원망이 커져만 갔다. 나는 스스로 늘 부족하다 느꼈고, 아들로서도, 직원으로서도 모자란 사람 같았다. 그렇게 나는 내 꿈도 이루지 못하고 부모님께도 별 도움이 안 되는 자신을 점점 더 미워하게 되었다. 그렇게 10년이라는 세월이 흘렀고, 언제나 행복공장에서 환히 웃고 계시던 아버지를 내 작은 마음 한편에 묻었다. 내 세상 속 가장 환한 미소가 사라진 순간이었다.

아버지의 병세가 악화되고 돌아가시기까지 수년간 내 삶은 고통의 연속이었다. 아버지의 병과 죽음뿐 아니라 친구와 가족의 사고와 죽음, 금전적 어려움, 코로나로 인한 행복공장의 경영 위기 등 모든 일이 감당하기 어려운 속도로 밀려왔다. 그리고 마지막 순간, 아버지를 끝내 지켜내지 못한 무력감 앞에서 나는 완전히 무너졌다.

  분명 그 많은 불행의 전부가 내 탓은 아니었을진대, 모든 게 내 탓이라며 스스로를 짓눌렀다. 그렇게 아버지가 돌아가신 뒤 수년 후까지도 나는 자책과 원망 속에서 삶을 이어 갔다. 당시 나의 세상은 잿빛이었다. 가슴속에는 늘 커다란 바위가 박혀있는 듯 숨조차 제대로 쉬기 어려웠고, 불면증과 우울증, 공황장애, 부정맥 등 다양한 질환까지 따라붙었다. 삶은 의미 없이 느껴졌다. 그러나 어머니마저 잘못될까 하는 두려움과 아버지에 대한 책임감, 부채감에 나는 아무렇지 않은 척 살아야만 했다. 더 이상 행복은 내 것이라고 느껴지지 않았다. 그렇게 수년을 차디찬 바다에 빠져, 빛 한 점 드리우지 않는 심해까지 가라앉았다.

  그러나 어둠 속에서도 나는 과거의 빛을 기억하고 있었다. 한때 내 삶은 행복이 가득했고, 그 빛은 여전히 내 안에서 깜박이며 어둠을 밀어내고 있었다. 내 곁에는 여전히 내가 사랑하고, 나를 사랑해주는 소중한 존재들이 있었다. 무겁기만 했던 행복공장도 어느덧 내가 걸어갈 새로운 꿈으로 이어져 있었고, 아버지의 발자국은 여전히 행복공장 이곳저곳에 남아 이정표가 되어 주고 있었다. 세상이 내게 이제 일어나 가자고 손을 뻗어 나를 수면으로 밀어 올렸다. 그 모든 힘으로, 아주 조금씩, 아주 더디게 나는 다시 수평선 넘어 뭍으로 헤엄쳐 나왔다.

그랬다. 나는 비록 차가운 물에 빠지긴 했지만, 따뜻하고 안전한 환경 속 털갈이를 마친 펭귄이었다. 내게 찾아온 고통에 몸이 굳고, 시리고 아팠지만, 내 털은 끝끝내 얼어붙지 않았으며, 내 몸에 온기를 더해주고 젖은 몸을 함께 말려 줄 소중한 이들 또한 있었다. 이 모든 것들 덕에 차가운 물 속에서도 얼어붙지 않을 수 있었다. 과거와 현재, 수많은 이들의 사랑과 마음이 쌓여, 나는 다시 살아날 수 있었다.

세상을 살아가는 모두는 상처를 입는다. 그리고 그 상처를 극복한 이는 성장한다. 그러나 지금의 대한민국은 상처를 입는 건 너무 쉬워졌고, 그 회복은 점점 어려워져서 너무 많은 이들이 오랜 시간 고통받고 있다. 청년들의 은둔과 고립 역시 그 긴 고통의 결과물 중 하나가 아닐까?

사회는 쉬이 그들을 실패자, 죄인처럼 바라본다. 하지만 그들의 은둔과 고립은 개인의 무능과 약함, 게으름으로부터 비롯된 게 아닐 것이다. 그저 털갈이를 마치지 못한 채 물에 빠진 펭귄처럼, 충분히 성장하지 못한 채 차가운 바다에 빠졌을 뿐이다.

청년들이 따뜻하고 안전한 세상 속 무사히 솜털을 벗을 수만 있다면, 솜털이 아직 듬성듬성 난 채 물에 빠지더라도 그 손을 잡아 뭍으로 끌어 주고 함께 몸을 말려 줄 이들이 있다면 그들은 상처를 극복할 것이고, 결국에는 털갈이를 마치고 다시 당당히 바다로 향할 것이다. 나는 그 사실을 내 몸으로 겪었다. 죽을 만큼 힘들었던 수많은 상처가 결국 지금의 나를 만들었고, 그 과정은 내게 분명한 힘과 깊이를 더해주었다.

펭귄에게 바다란 춥고 두려운 곳이다. 털갈이를 마친 펭귄에게도 그렇다. 바다는 위험으로 가득하고, 그 속 펭귄은 작고 나약하다. 그러나 바다는 필연적으로 나아가야 하는 삶의 터전이기도 하다. 고작 20분의 시간을 버틸 수 있는 숨 막히는 곳이기도 하지만, 날개를 펴고 시속 수십 킬로미터의 속도로 날 수 있는 펭귄만의 하늘이기도 하다. 청년들 역시 언젠가는 자신만의 바다로 뛰어들 것이다. 물론 때로는 춥고 어두워 두렵겠지. 하지만 그들의 삶 또한 그곳에 있다.

행복공장은 얼어붙은 솜털을 간신히 벗어놓고 차가운 바다를 다시 마주하고 있는 청년들로 가득하다. 누구는 수개월이 걸렸고, 누구는 수년이 걸렸다. 평생의 상처를 극복한 시간으로는 짧은 시간이라고 생각된다. 그들은 아직도 내심 자신이 부족하고, 남들보다 늦었다고 생각하며, 때로는 여전히 자책하고 두려워한다. 하지만 이제는 안다. 그들은 결코 늦지 않았다는 것을. 바다 가장 깊은 곳에는 별처럼 빛나는 보물이 있다. 그곳에 잠겨 있다 살아남은 이들만이 가질 수 있는 보물. 아직 그게 얼마나 가치 있는지 알아차리지 못했을 뿐, 그게 어떤 것인지 안다면 청년들 모두 기쁨에 덩실덩실 춤출 것이다.

여전히 수많은 청년들이 고통 속에 머물러 있고, 대한민국은 지금 커다란 위기 한가운데에 있다. 청년 문제는 반드시 해결되어야 하며, 그 과정이 순탄하지 않을 것임을 안다. 그러나 상처받고 웅크린 청년들이 언젠가 그 아픔을 딛고 일어서서, 모 단체의 말처럼 그 상처마저도 '스펙'이 된다면, 그들은 결국 자신이 손에 쥐고 있던 보물의 의미를 깨닫게 될 것이다. 그리고 그 깨달음 끝에서 진정한 행복을 찾는다면, 지금의 위기는 분명 기회가 될 것이다. 그때 대한민국이라는 거대한 바다는 어느 때보다 찬란하게 빛날 것이다.

 나는 행복한 펭귄이다. 수많은 고통을 견뎌 왔고, 소중한 것들을 셀 수 없이 잃었지만, 그럼에도 나는 행복하다. 행복이란 고통을 외면한 끝에 얻어지는 것이 아닌 것 같다. 고통스럽고 아팠던 나를 인정하고, 내 발에 박혀있는 가시가 아닌 나머지 온전한 것들에 감사하며 남아 있는 모든 소중한 존재들과 내 삶까지도 사랑하려 하는 것. 그게 내가 지금껏 걸어온 행복으로의 길이고, 삶의 목적지다. 자책할 필요도, 원망할 이유도, 비교할 필요도 없다. 나는 나대로 충분하고, 남은 남대로 충분하다. 언젠가 나와 내 옆의 많은 청년들이 자책과 원망, 비교와 같은 그 차갑고 무거운 얼음덩이들을 전부 내려놓는 날이 온다면, 그날 우리는 함께 바다 위로 날아오를 것이다. 저 푸른 물결 위에서, 서로의 자유와 행복을 노래하며.

둘. 펭귄이 행복한 세상

'감자'는 어린 시절 힘겨운 가정환경으로 인해 빚쟁이를 피해 어두운 방에 홀로 숨어야 했다. 불도 켜지 못한 채 두려움에 떨던 시절을 지나 학생이 된 그는 가까운 친구를 먼저 떠나보내야 했고, 이는 인간관계에 대한 깊은 불안을 남겼다. 이후 하고 싶은 일을 찾았으나 건강 문제로 이마저 포기하게 되었고, 감자는 결국 그렇게 자신의 삶까지 포기한 채 살아갔다.

'현재'는 부모님의 이혼과 가정불화 속에서 외롭고 괴로운 나날을 보냈다. 그 일상을 버티게 해준 유일한 이유는 반려견 '원'이었다. 원은 그녀에게 친구이자 가족이었고, 세상에서 가장 안전한 존재였다. 그러나 '현재'는 결국 원을 먼저 떠나보내야 했고, 이때 그녀의 세상은 산산이 무너져 내렸다. 어릴 적 엄했던 아버지의 그림자 탓일까, 그녀는 '고작 이깟 일'로 무너진 자신을 받아들이지 못했고, 방 안에 틀어박혀 오랜 시간을 홀로 보내야 했다.

'초롱'의 아버지는 사업 실패로 감당하기 힘든 빚을 지게 되었고, 그 무게는 술과 폭력으로 돌아왔다. 어린 시절 내내 술에 취한 아버지의 매

질은 일상이 되었고, 고통은 수년 동안 반복되었다. 초롱은 수년간의 폭력 속, 결국 극단적 선택까지 생각해야 했다. 그렇게 작은 방 안에서의 고통스러운 나날은 그녀의 전부가 되어버렸다.

  분명 이들의 고통은 고작 이 아픈 문장 몇 개에 담을 수 있을 만큼 만만한 것들이 아니었을 것이다. 차가운 바다에서 살아남는 게 당연한 지금의 대한민국에서 이들의 고통은 누구도 읽어주지 않는 이야기이며, 이들은 그저 은둔·고립 청년이고 그저 게으르고 약한, 뒤처진 누군가가 된다. 세상엔 아픔 없이 사는 사람은 없고, 이겨내지 못한 이가 잘못한 거니까. 분명 사막에도, 눈밭에도, 저 바다 깊은 곳에서도 생명은 살아가니까.

  분명 온몸이 얼어붙는 고통 속에도 생존을 이어 가는 이들이 있다. 그렇다고 그러지 못한 이들에게 손가락질하는 것이 정당한 일일까? 문제는 개인에 있는 것이 아님을, 사실 우리 모두 알고 있다. 문제는 청년들이 아니라 우리가 살아가는 이 세상에 있음을. 꼭 은둔과 고립을 경험한 누군가만이 아닌 지금을 살아가는 우리는 어딘가 병들어 있으니까. 오롯이 개인의 잘못이라면 이렇게 많은 이들이 동시에 힘들고 아플 리가 없을 것이다.

은둔과 고립 속에서 살아가는 청년들은 생존을 위해, 위험을 피하기 위해 잠시 거리를 두고 있을 뿐, 마음 깊은 곳에서는 누구보다 행복한 삶을 열망한다. 지난 수년간 그들을 누구보다 깊게 만났기에 알 수 있는 사실이었다. 그들은 분명 바다로 가기 위해 애쓰고 있는 사람들이었다.

　우리가 먼저 바꿔야 할 것은 청년이 아닌 이 문제를 바라보는 시선일 것이다. 청년에게 무작정 화살을 돌리는 것이 아닌, 그들이 살아가야 하는 이 세상에서 해답을 찾을 수 있다면 어떨까? 무작정 온몸이 얼었음에도 차가운 바다로 등을 떠미는 세상이 아닌, 손을 잡고 온기를 나눠주는 세상이라면, 우리는 조금 더 행복할 수 있지 않을까?

　외롭고 괴로운 삶을 살고 싶은 사람은 없으며, 우리 모두는 행복을 바란다. 그럼에도 수많은 청년, 수많은 이들이 꿈과 사랑, 행복과 미래를 차가운 바닷속에서 포기할 수밖에 없다. 우리 모두가 자신을, 그리고 서로를 조금 더 상냥한 눈으로 바라본다면, 그렇게 자신의 상처를 똑바로 바라볼 수 있는 용기와 서로의 아픔을 돌보는 친절함이 생긴다면, 우리 모두가 조금 더 행복할 수 있지 않을까? 서로가 서로의 위로가, 행복이 되는 세상, 그런 세상이 온다면 그건 분명히 우리 모두에게 더 이로운 일일 것이다.

다음은 대한민국 고립·은둔 청년과 청년 문제의 실태를 간단히 정리한 표이다. 쉽게 찾아볼 수 있는 정보지만, 그 내용은 가볍지만은 않다.

대한민국 고립·은둔 청년 및 청년문제 실태

구분	주요 결과
규모	약 54만 명(19~34세 청년 5.2%) 2024년 청년의 삶 실태조사(보건복지부, 2023년 12월)
증가세	2022년 2.4% → 2024년 5.2% 2024년 청년의 삶 실태조사
주요 원인	취업 어려움 32.8%, 대인관계 어려움 23.5%, 가정 갈등 12.4% 2023년 고립·은둔 청년 심층조사
심리 상태	미래에 대한 희망 없음 66.3%, 타인 시선 두려움 62.0% 2023년 고립·은둔 청년 심층조사
극단적 생각	자살 생각 75.4%, 시도 26.7% 2023년 고립·은둔 청년 심층조사
회복 의지	현재 상태 벗어나고 싶다 80% 이상 2023년 고립·은둔 청년 심층조사
경제적 손실	고립 청년 경제 활동 포기로 연간 6.7조 원 청년재단 연구(2023년 9월)
출산율	2022년 0.78명 → 2023년 0.7명 → 2024년 0.75명 합계출산율 통계(국가지표체계)

정신건강	심각한 스트레스: 2022년 36.0% → 2024년 46.3%, 지속되는 우울감: 2022년 30.0% → 2024년 40.2%, 기타중독(스마트폰 등): 2022년 6.4% → 2024년 18.4% 2024년 국민 정신건강 지식 및 태도 조사 발표(보건복지부)

수치와 지표로 드러난 사실들은 우리 사회가 마주하고 있는 현실을 냉정하게 비춘다. 표에서 알 수 있듯, 청년들의 은둔과 고립은 단순히 개인의 삶을 가로막는 문제가 아니다. 그것은 이미 심각한 사회문제이며, 동시에 수많은 다른 문제들을 연쇄적으로 불러오는 근원이 되고 있다. 그러나 시선을 달리해 보면, 그 안에는 희망의 가능성 또한 숨어 있다. 청년들의 은둔과 고립의 문제를 풀어낼 수 있다면, 이 나라의 발목을 잡고 있는 고질적인 문제 중 많은 부분을 완화할 수 있을지 모른다.

행복공장은 분명히 수많은 사회문제를 해결하는 데에 크게 기여하고 있는 훌륭한 단체이다. 수년간 수많은 은둔 청년이 행복공장과 함께하며 많이 나아진 것 역시 사실이다. 하지만 대한민국 청년 문제 해결이라는 거대한 과업은 결코 한 개인의 힘이나 어느 한 단체의 노력만으로는 이룰 수 없다. 그만큼 복잡하고, 큰 과제이기에 함께 걸어줄 수많은 이들이 필요하다. 이제는 우리 사회 전체가 발 벗고 나서야 할 때이다. 서로 어깨를 내어주고, 머리를 맞대고 한마음으로 노력해야만 비로소 펭귄이 행복한 세상을 만들 수 있을 것이다.

셋. 회색 바다

무언가를 충분히 알지 못할 때, 그 판단은 신중할수록 좋다고 한다. 그럼에도, 정작 나 또한 다른 이의 삶을 다 알지 못하면서 쉬이 내 기준으로 재단할 때가 있다. 경솔한 판단을 예방하기 위해 어쩌면 이 책의 시작에서 우리가 가장 먼저 해야 할 것은 '대한민국 청년들의 은둔과 고립'에 대해, 나아가 우리 사회를 가득 메운 '행복에 대한 문제'에 대해 알아보는 일일지 도 모른다. 청년들은 왜 행복하지 못하고, 왜 은둔과 고립을 택하는지. 무엇이 이들을 끝내 벼랑으로 몰아넣는지. 정말 요즘 청년들이 나약해져서 생겨난 문제인지, 아니면 우리가 함께 살아가는 이 대한민국에 문제가 있는지. 그래서 우리는 과연 행복할 수 있는지. 이 질문에 답하기 위해, 우리나라의 역사에 대해 잠시 이야기해보려 한다.

한반도는 긴 침략의 역사를 간직하고 있다. 주변국에 의한 수탈과 일제의 지배로 인한 억압, 차별 속 긴 시간을 견뎌야 했던 우리나라 국민들은 간신히 얻은 광복의 기쁨을 누리지도 못한 채 한국전쟁을 맞이해야만 했다. 식민 시절의 상처를 회복하기도 전에 시작된 전쟁은 대한민국을 전 세계에서 가장 가난한 나라 중 하나로 만들었다. 그러나 그런 아픔 위에서도 누군가는 삶의 끈을 놓지 않으려 애썼을 것이다. 생존만을 바라보며 다시 일어나 사랑하는 이들을 위해 달려온 시대의 어른들 덕에 지금의 대한민국이 있는 게 아닐까?

60~70년대 대한민국의 좁은 골목의 작은 공장과 허름한 항구의 하역장은 꽃 같은 청춘들로 가득했다고 한다. 그들의 눈물과 땀은 수출품이 되어 바다를 건넜고, 이는 "한강의 기적"이라 불리는 눈부신 경제성장으로 이어졌다. 수많은 '누군가'의 희생의 결과였다. 모두가 배고팠던 시절, 경제성장은 당연하게도 생존을 위한 유일한 목표였을 것이다. 그렇게 대한민국은 쉼 없이 달려갔고, 불과 80년 만에 세계 10위권의 경제 대국으로 도약했다.

그렇게 수많은 이들의 노력과 희생으로 만든 대한민국은 더 이상 가난한 나라가 아니었다. 높은 빌딩과 빽빽한 도로, 바삐 움직이는 사람들로 가득했으며 그렇게 아무런 문제도 없을 것만 같았다. 안전한 치안, 풍요로운 문화생활, 맛있는 음식, 편리한 교통과 IT 환경, 높은 수준의 의료, 교육 서비스까지. 대한민국은 명실상부한 선진국이었으며, 이 도시는 치열하게 이룩한 경제성장의 눈부신 결과물로 가득했으니까. 하지만 우리는 왜인지 길을 잃었고, 왜인지 행복하지 못하다. 국민의 행복지수는 바닥인 지 오래고 자살률은 늘 가장 높다. 왜 우리가 애써 지켜 온 이 바다는 이토록 회색이고 얼음만이 가득한가.

대한민국은 비록 행복의 색을 잠시 잃었지만, 수많은 이들의 피와 땀으로 만든 곳이기에 그 이야기만큼은 존중받아 마땅하다고 생각한다. 그러나 그게 이대로 괜찮다는 뜻은 아닐 것이다. 지금의 대한민국이 너무 많은 이들에게 가혹한 곳임은 틀림없는 사실이니까.

현시대를 살고 있는 청년들은 학창 시절 내내 끝없는 경쟁을 거친 뒤 지친 채 사회에 나온다. 대학에 들어가도 취업을 위한 스펙 경쟁에 매달리고, 취업 후에도 성과 중심의 문화 속에서 제대로 된 쉼 없이 살아간다. 장기화된 취업난, 주거 불안, 부채 문제와 같은 경제 불안은 삶의 중심을 흔들고, 코로나로 인해 가속화된 개인주의 문화는 관계를 단절시킨다. 그리고 그 안에서 불안과 외로움은 온전히 자신의 몫으로 남는다. SNS 속 과장된 성공과 행복의 이미지는 현실처럼 느껴져 상대적 박탈감을 키우고, 저성장 국면 속 노력은 허망하게 여겨진다. 복지 우려, 기후위기, 각종 재난 소식은 그런 내 삶의 남은 희망마저 엷게 만든다. 그리고 안타깝게도 이건 '평범한' 청년들에게 해당되는 이야기라는 점이다. 가정 붕괴, 사고, 폭력 등으로 이 평범한 고통을 넘어 더 큰 고통까지 떠안아야 하는 이들도 우리 곁에서 살아간다.

나는 행복공장을 운영하며 은둔·고립 청년은 물론, 학교 밖 청소년과 소년원생, 자립 준비 청년 등 다양한 이들을 만나왔다. 삶의 모습은 제각각이었지만, 그 불행의 뿌리는 놀라울 만큼 닮아있었다. 부모와 가족에게서 받은 깊은 상처, 학교에서의 차별과 따돌림, 사고, 끝없는 경쟁 속에서의 실패. 그들은 막막한 미래 앞에서 절망하고, 그들에게 어떻게 살아가야 하는지 알려 주는 이는 없었다. 그러다 보니 많은 이들이, 세상이 가장 큰 목소리로 외치는 '성공'과 '돈'을 쫓다가 넘어지고, 상처받은 이들은 다시 일어나지 못했다. 그렇게 누군가는 방에 갇혀 은둔과 고립을 겪고, 누군가는 가정 밖 거리로 떠밀려 방황과 비행을 경험한다. 누군가는 어디로 가는지 모른 채 사회의 목소리대로 살았으며, 누군가는 그럼에도 자신의 행복과 삶의 의미를 찾겠지만, 그 수는 많지 않았을 것이다.

    가족과의 갈등, 관계의 단절, 낮은 자존감, 사회적 불안 등 공통된 뿌리에서 자라난 구조적 결과, 이는 수많은 이의 선택을 강제한다. 그리고 그렇게 상처받은 이들이 존중받고 행복할 수 있는 세상을 만드는 일은 우리 사회 모두가 발 벗고 나서서 함께 풀어야 할 과제이다. 은둔과 고립을 겪는 청년들도, 그렇지 않은 우리 모두도 각자의 상처가 있고 아픔이 있기에 이는 그저 이들만을 위한 노력이 아닌 우리 모두를 위한 노력일 것이다.

대한민국 청년별 고립 은둔 위험도

구분	주요 특징	고립 위험도
은둔·고립 청년	개인의 방에 머무르며 외부 접촉 제한. 심리 정서적 고위기군.	
자립준비 청년	보호시설 퇴소 후 홀로 서야 함. 단절된 인간관계, 높은 고독사 비율.	일반 청년 대비 3배 높음
학교 밖 청소년	심리·정서 문제, 관계 단절 위험 높음. 자살·자해 위험 일반 대비 매우 높음.	일반 청년 대비 높음
소년원생	사회 복귀 과정에서 지지 부족. 재비행 위험.	일반 청년 대비 높음

오늘의 우리나라가 왜 이렇게 바쁘고 숨 가쁜 곳이 되었는지 생각해 보게 된다. 오랜 세월 외세의 침략, 억압, 가난을 겪으며 '약하면 안 된다'라는 마음이 우리 사회 깊은 곳에 자리 잡았을 것이고, 그 경험이 '강한 자만이 살아남는다'라는 생각으로 이어지지 않았을까? 살아남기 위해

서는 경쟁에서 승리해야만 했고, 쉬는 것은 곧 뒤처지는 일이라는 믿음은 자연스러운 삶의 태도로 굳어졌을 것이다. 그렇게 경제성장만을 목표로 하던 시절, 경쟁은 일상이 되었을 것이다. 학교에서도, 직장에서도, 심지어 인간관계 속에서도 경쟁은 늘 존재했을 것이며, 한 가지 길만이 정답처럼 보이는 교육제도는 그런 경쟁을 과열시켰을 것이다. 어쩌면 그 덕분에 한국은 세계가 놀랄 만큼 성장한 것일지도 모른다. 하지만 동시에 조금만 뒤처져도 불안해지는 마음이 사회 전반에 남게 되었다. 누구나 열심히 달려야 했던 시대였고, 그것은 부정할 수 없는 그 당시의 시대적 현실이었을 것이다. 그러나 지금 대한민국의 모습은 너무 많은 이들에게 고통이 되었기에, 이제는 방향을 바꿀 때가 아닐까 생각해 본다.

대한민국은 세계 10위권의 경제 강국이 되었다. 그러나 동시에 40분마다 한 사람이 삶을 포기하는 나라가 되었다. 경쟁은 의무처럼 느껴지고, 행복보다 성공이 먼저 고민되는 지금의 대한민국, 그 속에서 사람들은 점점 자신을 돌보지 못하게 되었다. 사랑과 행복보다 좋은 집 좋은 차가 중요해진 지금 우리는 잠시 멈출 필요가 있지 않을까?

물론 돈이나 사회적 성공이 무의미하다는 공허한 이야기를 하는 것은 아니다. 자본주의 사회에서 그것들은 생존을 위한 필수 요소이자 삶을 펼치게 하는 힘이다. 문제는 돈과 성공이 수단이 아닌 목적이 되었을 때 생긴다. "돈은 행복을 위한 도구인데, 어느새 행복이 돈의 도구가 되었다"고 말한다. 지금의 현실을 단순하지만 정확하게 설명하는 말처럼 들린다. 중요한 것은 돈이나 지위 자체가 아니라, 그것들을 통해 어떤 삶을 살고 싶은가 하는 점일 것이다. 누군가 정해둔 기준이 아니라 자신이 진심으로 원하고 좋아하는 삶을 찾아가는 일, 그것이 결국 행복으로 향하는 길일 것이다. 조금 느리게 걷더라도, 방향을 잃지 않는다면 괜찮다.

아메리카 원주민들에겐 청소년이 성인이 되기 전 반드시 거치는, 그들이 무엇보다 중히 여기는 통과의례가 있다. 그것은 고립된 환경 속 홀로 자신에게 질문을 던지는 일이다. '나는 왜 이 세상에 태어났는가?' '나의 소명은 무엇인가?' '나는 어떻게 살아갈 것인가?' 이 물음에 대한 답을 찾기 전까지는 부족 내에서 어른으로 인정받지 못한다고 한다.

  생을 살아가는 주체인 자기 자신에 대한 질문, 내가 세상을 나로서 잘 살기 위해 반드시 던져야 하는 질문, 우리는 이런 중요한 과정을 생략한 채 살아왔다. 세상에서 정해놓은 '정답'을 외치는 목소리가 너무 크기에 그런 게 아닐까 싶다. 마음을 고요히 하고 자신에게 중요한 질문을 던지는 연습을 해나간다면, 결국 나만의 바다를 자유롭게 누비는 방법을 알 수 있을 것이다. 펭귄은 그저 펭귄이고 사람도 그저 사람이다. 피어날 수 있다면 그뿐, 모양이 다르고 크기가 다르고 색이 다른 것은 아무런 문제도 되지 않는다. 모든 사람은 분명 행복해 마땅하다. 그리고 그 행복의 모양에는 정답이 없다. 피어난 모든 이는 분명 누군가에겐 아름답다고 불릴 것이기에, 어쩌면 우리가 해야 할 일은 '나로서 피어나는 일' 딱 하나일지도 모른다.

나는 간절히 바란다. 차가운 바닷속 고통받는 모든 이들이 자신의 상처와 아픔을 넘어 피어나기를. 신나게, 치열하게 자신이 그린 행복을 향해 달려나갈 수 있기를. 그리고 나와 남에게 모두 이로운 삶을 살아가기를.

나는 모든 이들이 '자신의 행복'을 살아가는 형형색색의 세상이 올 것이라 믿는다. 그리고 그날을 내 소명으로 삼고 웃으며 달려갈 것이다. 언젠가 그렇게 간절히 바라던, 그날이 오면 나는 한없이 가벼운 몸짓으로 바닷속 모두와 함께 손잡고 춤추며 살아가고 싶다.

넷. 펭귄을 이해하는 시간

아무도 없는 방. 가족도, 친구도, 연인도, 심지어 '나'조차 존재하지 않는 방에서 하루를 또 버틴다. 작은 창문 너머 세상을 눈으로만 맴돌다, 끝내 고개를 돌리고 다시 방 안에 갇힌 그들에게 현실은 언제나 두렵기만 하다.

어린 시절부터 '나'보다 더 중요하다고 배운 것들은 너무 많았다. 학업, 취업, 성공, 돈, 명예. 그것들을 이루기 위해 애썼지만 끝내 실패한 순간, '나'는 자연스럽게 무가치한 존재가 되어버렸다. 남들에게는 평범한 것들이 내게는 너무도 어려워졌고, 아무도 없는 방에는 마음속에서 흘러나오는 아픈 말소리만이 가득했다.

　창문 밖 세상을 살아가고 싶지만, 그곳 역시 가시로 뒤덮여 있어 몇 걸음도 채 가지 못한 채 온몸이 상처투성이가 된다. 결국 익숙한 아픔을 선택하며, 그들은 다시 아무도 없는 방에 스스로를 가둔다. "내가 있을 곳 하나 없겠어?"라는 말이 우습게도, 정작 '나'의 삶은 머물 수 있는 자리를 찾지 못한다. '나'의 삶에 빛은 다시 드리우지 않을 것만 같다.

이 글은 2023년, 행복공장에서 은둔·고립 청년들과 함께 만든 공연 〈출구 없는 방〉을 준비하며, 그들이 직접 쓰고 말해 준 목소리를 간추린 것이다. 그들의 고백은 은둔과 고립의 과정이 얼마나 고통스러운지, 그리고 홀로 그 시간을 끊고 다시 방 밖으로 나서는 일이 얼마나 어려운지를 보여준다. 이들에게 아무도 없는 그 방은 답답함이며 괴로움이고, 인내이자 외로움이었다.

　일반적으로 은둔·고립을 경험한 청년 중 절반 이상이 다시 재은둔·재고립을 겪는다. 그리고 그 순간, 처음보다 훨씬 깊은 절망이 그들을 덮친다고 한다. 어렵게 용기를 내어 세상 밖으로 나왔음에도, 다시 고통의 방으로 돌아간다는 것은 그들의 의지가 부족해서가 아니다. 우리 사회가 그들의 회복과 성장을 기다려 줄 만큼 따뜻하지 못하고, 때로는 방 안보다 더 매섭고 날카로운 상처를 남기기 때문이다. 극복하려 해도 과거의 상처가 만든 결핍은 약점이 되고, 약점은 또 다른 상처를 낳는다. 결국, 아물지 못한 상처는 다시 그들을 작은 방으로 몰아넣는다.

지난 5년간 행복공장을 거쳐 간 많은 청년 중 상당수가 이런 어려움을 넘어 은둔·고립을 극복하고 사회로 나와 살아가고 있다. 그들의 상처와 아픔이 완전히 해결된 것은 아닐지라도, 일상을 살아가고 사람들과 관계를 맺을 만큼 회복된 것은 분명하다. 일부는 재은둔·재고립을 경험했으나, 그 기간은 이전보다 짧았고 과정 또한 달랐다. 통계와 달리 재고립을 반복하는 비율도 높지 않았다. 중요한 것은 은둔의 시간이 단순히 삶이 멈춘 무의미한 시간은 아니라는 것이다. 그 시간은 어쩔 수 없는 생존의 선택이자 인내였지만, 깨달음을 위해 자신을 고립시키는 수행자처럼 그 속에서도 분명 무언가가 자라나고 있었다. 상처는 성장으로 이어졌고, 깊은 침묵 속에서도 생명은 자라난다. 청년들 역시 방 안에서 자신을 들여다보고 내면을 탐구하며, 성장의 가능성을 조용히 품어왔다. 비록 스스로 자각하지 못했을지라도 그들은 고통을 통해 분명 깊어진다.

행복공장이 걸어온 길은 결코 거창하지 않다. 그저 청년들이 은둔과 고립의 시간 속에서 겪는 고통을 '의미'로 바꾸어 주려 애써 온 시간이었다. 그들이 스스로에게 중요한 질문을 던지고, 지금까지의 삶을 다시 바라보게 하며, 앞으로의 길 위에서 자신만의 행복을 찾아갈 수 있도록 돕는 일. 내가 받은 사랑과 행복을 다시 나누어, 그들 또한 누군가에게 온기를 전할 수 있도록 돕는 일. 그게 우리가 청년들에게 내어주는 전부이다.

겉으로 보기엔 큰일처럼 들릴지 모르지만, 사실 그것은 아주 단순한 일이다. 아직 솜털이 듬성듬성 남은 어린 펭귄들이 차가운 바람 속에서도 무사히 털갈이를 마칠 수 있도록, 곁에서 온기를 나누어 주는 친구가 되어 주는 일과 같다. 행복공장은 그저 그 곁을 지키며, 그들이 다시 세상으로 나아갈 날을 기다려주는 동료이자 그들이 언 몸을 쉴 수 있는 따뜻한 둥지일 뿐이다.

세상이 말하는 성공과는 한없이 멀지만 더없이 가치 있는 일. 이제 내 길이자 꿈이 되어 버린 일. 내가 행복함으로 내 주변이 행복하고, 나아가 이 세상을 행복으로 물들이는 이 일은 가장 거창하면서도 누구나 할 수 있는 일이다. 행복공장에서 함께 부대끼며 살아가는 '우리'의 창문 밖 세상은 이제 햇살로 가득하다. 가끔은 다시 비가 오고, 눈이 내리지만 더는 혼자가 아니기에 우리는 괜찮을 것이다. 지나가는 먹구름은 잠시 머물다 갈 뿐, 이 힘든 순간들 역시 삶의 전부가 아닌 것을 이제는 알고 있다. 먹구름이 지나가고 한바탕 비가 내리고 나면 푸른 하늘, 무지개가 뜰 것을 알기에 우리는 매일 조금씩 더 크게 웃을 수 있게 되었다.

다섯. 하늘 위 희망 하나

　행복공장은 아름답고 평화로운 곳이다. 논과 들, 산과 강이 보이고 널찍한 잔디밭 위에 해피(하얀 강아지)와 토리(깜장 강아지)가 한결같은 반가움으로 맞아주는 곳. 너구리도 고라니도 철새도 사람도 지친 몸과 마음을 쉬어 가는 곳. 지금은 작고하신 아버지와 지금도 열심히 행복공장을 돌리고 계신 어머니가 마음을 담아 지은 소중한 곳이다.

　아들이란 이유로 코가 꿰여 13년째 일을 돕고 있는 나는 다행히도 지금 제법 행복하다. 어디에서도 찾기 힘들 만큼의 진실된 웃음과 솔직한 마음, 편안한 눈물을 매주 수많은 사람들과 나누기에, 나는 일하는 순간 기쁘고, 일한 뒤에는 보람을 선물 받는다. 이곳에는 다양한 사람들이 찾아온다. 자신을 찾기 위해, 쉼과 위로, 회복과 유대를 위해, 그리고 행복을 위해. 별 기대 없이 찾는 사람들부터 간절한 마음으로 찾는 사람들까지 이곳을 찾아온 이들 대부분은 행복과 한 발짝 가까워진 채로 이곳을 떠난다. 사실 행복공장 경영이 쉬웠던 적은 없었다. 그러나 세상을 조금 더 행복하게 만들고자 했던 아버지의 염원에 힘입어서인지, 아니면 내가 무지 잘해서인지 몰라도, 해를 거듭할수록 행복공장을 돕는 손이 점점 많아지고 있다. 그리고 그중 가장 많은 이들이 은둔·고립을 경험했던 청년들이다.

대한민국에서 상처들로 인해 세상에서 잠시 도망치고, 숨어 있는 은둔·고립 청년들을 부르는 이름은 다양하다. 누군가에게는 바라보기만 해도 안타까운, 사랑하는 아들, 딸인 이들, 누군가에게는 그저 방구석 폐인일 것이고, 누군가에게는 도움이 필요한 불쌍한 사람일 것이며 누군가에게는 도울 가치도 없는 의지박약, 게으른 실패자일 것이다. 많은 이름으로 불리고 있을 이 청년들, 내게 있어 이들의 이름은 '희망'이다.

나는 행복공장을 통해 싹을 틔우고 신나게 자라고 있는 청년들을 꾸준히 만나고 있다. 이들은 내가 본 어떤 또래보다 깊고 진정성이 있었으며, 자신을 잘 바라보려 했고 행복하고자 했다. 분명 서툴고 부족한 부분, 아직 채 아물지 못한 상처들이 남아 있어 어려움 역시 존재하지만, 한 걸음 한 걸음이 느릴지언정 옳은 방향을 향해 있었으며, 잠시 멈춰 쉬어 가더라도 자신에게 중요한 질문을 던지며 '어떻게 살 것인가'를 찾아가는 사람들이었다. 나는 이런 이들의 삶을 응원하고 존중하며 한 사람 한 사람을 참 좋아한다. 지난 수년간 수많은 청년들이 우리와 함께 회복했고, 행복에 조금씩 가까워졌다. 이들은 그렇게 서로에게 가족이 되고 온기가 되어 이제 자그마한 둥지를 이루고 살아간다. 희망으로 가득 차 있고, 작지만 따뜻한 곳이다. 우리는 서로가 서로에게 안전한 사람이 되었고, 함께 소소한 일상을 나누며 시간을 보내기도, 행복공장의 다양한 사업을 통해 만나기도 했다. 관계는 자라났고 그 속에서 삶은 피어났다.

살아가다 보면 누구에게나 찾아오는 '아픔'. 그게 조금 더 빨리, 조금 더 크게 찾아와 '실패자'라 불렸던 이들은 이제 그 아픔을 통해 깊어지고, 아팠던 만큼 더 넓게 바라볼 수 있게 되었다. 이들에게 아픔은 더 이상 숨겨야 할 실패의 기억이 아닌, 누군가에게 공감과 위로가 될 수 있는 능력이며, 이들이야말로 언젠가 온 세상을 살리는 커다란 신수의 씨앗일지도 모른다. 나는 오늘도 기다린다. 행복공장의 잔디밭 한가운데 앉아 또 다른 '희망'이 찾아오기를.

여섯. 바다의 노래

행복이 점점 사라져가는, 은둔과 고립의 시대. 세상이 만들어낸 이 깊은 그늘을 걷어내기 위해서는, 단순히 문제의 심각성을 인식하는 것만으로는 부족하다. 이제는 실제로 변화를 만들어내려는 용기와 노력이 필요하다. 다행히 최근 들어 고립·은둔 청년 문제를 개인의 나약함이 아닌 사회 전체의 과제로 바라보려는 시각이 조금씩 자리 잡기 시작했다. 정부와 지자체, 그리고 여러 비영리 단체들이 새로운 연결의 길을 모색하며, 닫혀있던 문을 두드리고 있다.

지난해 말, 국무조정실과 보건복지부는 관계부처 합동으로 고립·은둔 청년 지원 방안을 발표했고, 위기 아동·청년을 위한 법률 제정 또한 추진하며 공적 지원 시스템의 토대를 세우고 있다. 이들은 심리상담, 공동생활 시설 운영, 경제 활동 지원 등 다양한 방법으로 청년들이 다시 세상과 연결될 수 있도록 돕는다. 인천광역시를 비롯한 일부 지자체는 고립 은둔 청년 지원 조례를 제정하고 맞춤형 프로그램을 운영하며, 서울시는 부모교육 사업을 통해 가정 내의 이해와 회복을 도모하고 있다. 아직은 과도기적 단계라 부족함이 남아 있지만, 그럼에도 이는 분명 고무적이며 꼭 필요한 방향성이다.

정부의 제도적 노력과 더불어, 민간단체들은 청년들의 개별적 특성과 현실을 세심히 고려한 다양한 접근을 시도하고 있다. 은둔·고립 청년을 발굴하고 자립 역량을 강화하는 '안무서운회사', 공동생활과 직업 훈련, 커뮤니티 운영에 초점을 맞춘 '리커버리센터'는 그 중심에서 든든히 버티고 있다. 규모 있는 공익법인인 청년재단 역시 여러 프로그램을 통해 청년들의 회복을 지원한다.

행복공장 또한 여러 기업과 단체, 기관과의 협업을 통해 은둔·고립 청년들을 위한 예술치유캠프, 가족 힐링캠프, 공동생활 프로그램, 자립 지원 및 일 경험 사업 등을 운영해왔다. 이 프로그램들은 수많은 청년들에게 따뜻한 온기와 숨결이 되었으며, 이들의 회복과 성장의 발판이 되어주었다. 덕분에 행복공장에서 운영하는 프로그램은 은둔·고립 청년의 회복과 성장을 돕는 최고의 프로그램으로 인정받아 그 규모와 영향력은 점점 확장되고 있다. 이런 곳들은 청년들을 전문적으로 지원할 역량이 있는 단체로 대한민국의 은둔·고립 문제를 극복하기 위해 필수적인 존재라고 볼 수 있다.

또한, 직접적인 개입이 아닌 느슨한 관계망 속에서 청년들이 자연스럽게 관계를 회복하도록 돕는 공동체들도 있다. 이들은 비교적 상처가 깊지 않은 청년들이 보다 안전하게 사회로 나올 수 있도록 다리 역할을 하며, 앞으로 그 역할은 더욱 중요해질 것이다.

은둔과 고립 그리고 재은둔, 재고립의 악순환을 끊기 위해서는 단기적 탈출 시도가 아니라, 지속적이고 체계적인 지원이 필요하다. 개인의 의지만을 강조하는 것이 아니라, 돈과 시간의 부족과 같은 물리적 문제를 해결하고 정신적 치유와 심리적 소진을 해결할 안전한 발판을 마련하면 좋을 것이다. 동시에, 이들의 문제를 '나약함'으로 치부하는 사회적 인식을 개선하는 일 또한 필요하다. 지금은 비록 과도기 한 가운데 있지만, 민·관이 더욱 유기적으로 협력할 수 있다면, 대한민국의 은둔·고립 청년 문제의 해결 역시 언젠가는 가능할 것이다.

청년들의 은둔·고립은 시대의 모두에게 던져진 질문이다. 혼자가 아니라 함께 설 수 있도록, 사회적 시스템과 다각화된 전문적 지원, 개개인의 따뜻한 관심이 어우러질 때 우리는 이 어둠에서 길을 찾을 수 있을 것이다.

서로 손을 내밀고, 작은 움직임을 이어갈 때, 청년들은 자신을 가두고 있던 얼음으로부터 마침내 벗어날 수 있을 것이다. 그리고 상처를 양분 삼아 자라날 때, 그때 회색빛으로 얼어붙어 있던 바다에도 다시 온기가 돌고 생명이 숨 쉬겠지. 바닷속 생명 하나하나가 서로에 기대어 살아가듯, 우리 역시 서로 기댈 수 있는 안전한 존재가 될 때 비로소 고립의 사슬을 끊고, 희망과 행복의 노래를 부를 수 있을 것이다.

   그날이 오면, 자신만의 행복을 품은 펭귄들은 마침내 털갈이를 마치고, 대한민국이라는 회색 바다를 오색 빛으로 물들일 것이다. 그리고 그 바다에서 우리는 진짜 행복이 무엇인지 다시 기억하게 될 것이다. 서로가 서로의 기쁨이 되고, 서로 사랑하고, 사랑받으며 살아가는 것, 그 단순하고도 깊은 진리를.

2장　여기도 펭귄 있어요

은둔의 시간 속에서 놓치지 않은 마음들

- 홍천으로 가는 화요일 | 권복기
- 애벌레의 시간 | 제이
- 불편해할 용기 | 제이
- 친절한 현재 씨 | 제이
- 멈춰 있는 시간 사이에 | 권복기
- 기다림은 열린 문 | 권복기
- 은둔이 은둔에게 | 제이
- 다시 만난 외갓집 | 김초롱

숫자로는 설명되지 않는 시간이 있다. 방 안에서 보낸 몇 해는 단순한 공백이 아니다. 누구도 몰랐을 뿐, 그 시간 속에서 청년들은 포기하지 않기 위해 애쓰고 있었다.

2부는 그들의 목소리로 채워진다. 화려한 서사나 드라마틱한 사건은 없다. 막막하고 힘든 시간을 지나온 사람의 진실한 말이 있을 뿐이다. 우리는 바닷속으로 뛰어들기 위해 빙벽에 올라선 용감한 펭귄들을 응원한다.

홍천으로 가는 화요일
백지*의 이야기

운동, 몸에서 시작된 변화

백지에게 세상은 아직 낯설다. 거리의 소음에도 마음은 긴장하고, 낯선 시선은 가끔 숨을 멎게 한다. 하지만 그는 이제 그 소음 속에서 귀를 막지 않고, 가능한 한 시선을 피하지 않으며, 조심스레 발을 옮긴다.

백지의 걸음은 여전히 느리다. 그러나 느림은 두려움이 아니라 다짐의 또 다른 이름이다. 오랫동안 방 안에 머물던 그가 스스로 문을 열고 세상으로 한 걸음을 내디뎠다는 사실만으로도 그의 하루는 이미 새로운 장면으로 채워지고 있다.

---

*   20살 이후 은둔과 회복, 재고립을 반복하며 6년간 방 안에서 시간을 보냈다. 지금은 세상과 다시 마주한 지 2년째, 하루하루 더 용기를 내고 있는 청년이다.

아침 햇살이 창문 너머로 길게 들어와 이불 끝을 비춘다. 그는 천천히 숨을 들이마시고 내쉬며 하루를 시작한다. 아직은 조금 낯선 세상 앞에서 스스로에게 묻는다. '오늘도 괜찮을까? 사람들과 마주하면 무슨 말을 해야 할까?' 그 질문은 때로 어깨를 무겁게 하지만 동시에 작은 희망의 불씨도 품고 있다. '오늘은 어제보다 한 걸음 더.'

백지의 방 문틀에는 철봉이 걸려 있다. 그는 매일 아침 철봉에 매달린다. 손바닥에는 오래전 굳은살이 박였다. 처음엔 매달리기조차 힘겨웠다. 그 지점에서 시작해 턱걸이 버티기, 의자에 올라 천천히 내려오는 네거티브 턱걸이, 중량 턱걸이를 거쳐 마침내 골반까지 끌어올리는 머슬업도 할 수 있게 됐다. 지금은 프론트 레버, 링 머슬업, 원암 풀업을 목표로 조금씩 단련 중이다.

푸시업도 마찬가지다. 처음엔 올바른 자세로 한두 개 하기도 버거웠지만, 꾸준히 난도를 높여 엘보 레버까지 도달했다. 지금은 물구나무 푸시업과 플란체를 목표로 훈련하고 있다. 맨몸운동뿐 아니라 슬로 조깅, AB 슬라이드, 스트레칭, 요가처럼 돈은 들지 않으면서 몸을 건강하고 강하게 만드는 활동을 꾸준히 해 왔다. 스스로를 사랑하는 마음으로.

요즘도 그는 매일 아주 조금씩 난도를 올린다. 유튜브에서 본 고난도 동작을 마음속에 저장해두고, 하루하루 따라 한다. 당장은 티 나지 않지만 몇 달이 지나 돌아보면 화면 속 인물과 비슷한 동작을 하고 있는 자신을 발견한다. "운동이 저를 살렸어요." 짧은 한마디 뒤에는 수많은 시도와 좌절의 기록이 겹겹이 놓여있다. 운동은 단순히 몸을 단련하는 일이 아니었다. 두려움과 마주하는 연습이자, 세상과 다시 연결되는 작은 다리가 되었다.

운동 전의 백지는 스스로를 약골이라 여겼다. 178cm의 키에 60kg 남짓. 팔·다리에 힘이 없어 자신감도 떨어졌다. 힘이 붙고 몸이 유연해지자 자신감이 자랐고, 불안은 줄었다. 밖에 나가면 남들의 시선이 늘 신경 쓰였고, 때로는 별로 강해 보이지 않는 사람 앞에서도 스스로 위축되곤 했지만, 이제는 그렇지 않다. "스스로 만들어낸 위협에서 많이 벗어난 것 같아요."

요즘 그는 물구나무 푸시업을 한다. 거꾸로 선 세상은 낯설지만 동시에 가능성으로 가득하다. 그 순간만큼은 '나는 할 수 있다'는 목소리가 몸속에서 울린다.

화요일 아침, 백지는 어김없이 오래된 스타렉스의 시동을 건다. 구불구불한 국도를 따라 두 시간가량 달려야 한다. 이상하게도 차 안에 있는 동안만은 어떤 두려움도, 불안도 없다. 음악이 흘러나오지 않아도 괜찮다.

목적지는 강원도 홍천의 행복공장 홍천수련원. 세상으로 나가는 디딤돌이자, 세상 속에서 살아가라 다독여주는 버팀목 같은 곳. 백지에게 이곳은 케렌시아다. 여기에 오면 마음이 놓였다. 느린 말에도 끝까지 귀 기울여주는 사람들이 있고, 서툰 웃음에도 부드럽게 화답해주는 사람들이 있었다. 그들과의 시간은 '세상은 나를 위협하는 사람들로만 가득하다'라는 생각을 조금씩 옅게 했다.

특히 한 교사의 말이 큰 위로가 됐다. "할 수 있는 만큼, 되는 대로." 단순한 격려처럼 들리지만, 그 문장은 마음 깊은 곳을 울렸다. 지금껏 그의 삶엔 "더 잘해야 한다", "열심히 해야 한다", "실수하면 안 된다"는 압박이 가득했다. 그러나 '되는 대로'는 실패를 허락한다는 뜻이 아니라, 시도를 이어 갈 수 있게 해주는 말이었다. 그날 이후 그는 일이 부담으로 커져 두려움의 씨앗이 움트려 할 때마다 중얼거린다. "할 수 있는 만큼, 되는 대로."

행복공장을 떠올리면 '나의 이야기 극장'이 가장 먼저 생각난다. 그는 그 자리에서 자신의 이야기를 조심스레 꺼냈고, 배우들은 그 이야기를 왜곡 없이 연극으로 되비추어 주었다. 누군가 자신의 삶을 있는 그대로 받아 적어 되돌려주는 장면을 보는 일은 기묘한 울림이었다. '아… 누군가가 나를 있는 그대로 봐주는구나.' 그 순간, 스스로를 묶고 있던 두려움의 끈이 조금 느슨해졌다. '나의 이야기 극장'은 공연이자 거울이었다. 그 거울 속에서 그는 있는 그대로의 자신을 마주했고, 그 모습이 타인에게도 존중받을 수 있음을 체험했다. 때로는 '비난과 방어' 같은 프로그램에서 회피하지 않고 직면하는 연습이 힘들기도 했다.

"행복공장에 가면 홀로 있는 시간, 연극, 에니어그램을 통해 나와 주변을 이해하고 성찰하게 됩니다. 그곳에는 제가 조화롭고 행복한 삶을 살 수 있도록 돕는 이들이 있어요. 그래서 어떤 일이든 성실하게 하려 노력합니다. 저를 향한 마음들이 허투루 낭비되면 안 되잖아요." 물론 실망스러운 모습을 보일까 두렵고, 혼자 뒤처질까 조바심이 날 때도 있다. 하지만 그는 '밟고 올라가라'고 요구하기보다 '손잡아 올려주는' 사람들을 보며 위안과 용기를 얻는다. 그들의 모습과 향기를 닮고 싶다고, 백지는 조용히 말한다.

홍천수련원에 도착하면 그는 '홍반장'이 된다. 고장 난 전구를 갈고, 삐걱거리는 문을 고치고, 마당의 풀을 베고, 세탁물을 넌다. 반려견 해피와 토리를 데리고 산책도 한다. 손때가 닿은 모든 것이 제자리를 찾아가는 그 과정에서 그는 묘한 충만을 느낀다. 사람들은 그를 "없어서는 안 될 사람"이라 부른다. 그 말을 들을 때마다 백지는 어쩔 줄 몰라 하면서도 얼굴에 수줍은 미소가 번지는 걸 느낀다.

행복공장은 백지에게 단순한 일터가 아니었다. 자신을 필요로 하는 사람들이 기다리는 곳, 위로와 격려의 목소리가 들리는 장소, 무엇보다 세상과 다시 연결될 수 있다는 희망을 가르쳐 준 공간이었다. 그는 행복공장을 삶의 '동아줄'이라 부른다. '은둔'이라는 깊은 구덩이에서 빠져나오게 해준 든든한 밧줄. 다만 그 줄을 붙잡고 기어오르는 힘은 결국 자기 손에서 나온다는 것도 알게 됐다. 그런 점에서 행복공장의 동아줄은 탈출을 돕는 도구를 넘어, 새로운 삶으로 이끄는 길잡이였다.

그 시절로 다시 돌아가지 않겠다

백지는 지금도 낯선 상황을 만나면 불안해진다. 누구에게나 있을 감정이라는 걸 알지만, 그 사실이 곧바로 위로가 되지는 않는다. 예전처럼 머리가 하얘지지는 않는다. 대신 '왜 이러고 있지, 빨리 집에 가고 싶다'는 마음과 '이거라도 하지 않으면 아무것도 바뀌지 않는다'는 다짐이 번갈아 스친다. 길을 걸을 때도 여전히 긴장한 자신을 만난다. 숨을 죽인 채 주위를 살피고, 맞은편 사람이 다가오면 벽 쪽으로 바짝 붙어 지나간다. 괜히 누군가가 자신과 부딪히려는 것만 같아 두렵다. 그래서 최대한 거리를 두며 걷는다.

한편으로는 그런 자신을 보며 생각한다. '이 모습을 바꾸지 않으면 이렇게 비참한 채로 살아가게 될 것이다.' 그리고 다짐한다. 다시는 은둔 생활로 돌아가지 않겠다고. 어떻게 해서 나온 방인데.

2018년 여름, 아버지가 텔레비전 뉴스를 보다가 은둔 청년 지원 프로그램을 보고 말했다. "저기 한 번 가 봐라. 너, 은둔 청년 아니냐?" 은둔의 원인 중 하나가 아버지였지만, 반발심조차 일지 않던 때였다. 그는 난생처음 은둔 청년 프로그램에 참여했다. 사회복지 담당자와 이야기를 나누며 처음으로 안도했다. 세상에는 내 얘기를 그냥 들어주는 사람도 있구나. 세상은 무서운 사람들만으로 가득하지 않구나. 그때부터였다. '변화'라는 단어가 그의 삶에 들어온 것은.

그 무렵 '안무서운회사'라는, 이름부터 낯선 단체도 알게 됐다. 그곳의 '치부브랜딩' 프로그램에 참여한 경험은 신선했다. 은둔하며 쌓아둔 게 없어 늘 막막했는데, 그 은둔 자체가 브랜딩이 될 수 있다니. 그때 그의 닉네임은 '백지'였다. 낯선 사람을 만나거나 낯선 상황에 처하면 머리가 하얘지는 약점을 그대로 브랜드로 삼았다. 약점이 강점으로 뒤집히는 순간이었다.

안무서운회사를 통해 인연을 맺은 행복공장은, 희망이 없다고 여겼던 그의 인생에 찾아온 '행운'이었다. 그곳에서 처음으로 자신의 힘으로 작은 성취를 차곡차곡 쌓았다. 행복공장의 지원으로 바리스타 자격증을 땄고, 운전면허를 손에 쥐었다. 대형운전면허에도 도전했다. 도전 앞에서 그는 일부러 소문을 냈다. "저, 이번에 대형면허 딸 겁니다." 물러설 수 없게 스스로를 묶어 둔 것이다. 합격 통지를 받던 날, 그의 얼굴에는 환한 미소가 번졌다. 자신에게 건네는 첫 선물이자, 새로운 길에 대한 자신감이었다.

백지에게 은둔은 어느 날 덮친 불청객이 아니었다. 오래도록 마음속에 내려앉은 그림자들이 켜켜이 쌓여 짙은 어둠이 되었고, 그 어둠이 세상을 향한 문을 천천히, 그러나 단단히 닫아걸게 했다. 집은 평온한 적이 드물었다. 강한 성격의 할머니는 경제력을 바탕으로 집안을 좌지우지했다. 아버지의 빚을 대신 갚으면서 목소리는 더 커졌다. 부모는 할머니 뜻을 거스르기 어려웠고, 백지 역시 할머니와 그 뜻을 대행하는 부모의 말을 따를 수밖에 없었다. 친구를 집에 데려오는 일조차 허락을 받아야 했다.

부모의 사이도 좋지 않았다. 다툼이 잦았고, 거친 언사는 어린 백지의 가슴에 두려움의 씨앗을 심었다. '산다는 건 무엇인가, 나는 왜 태어났을까' 같은 엉뚱한 질문이 일찍부터 떠올랐다.

초등학교 5학년, 처음 학원에 갔다. 동네 학원은 형편상 어려워, 버스로 한 시간 걸리는 친척이 운영하는 학원에 다녔다. 매일 혼자 낯선 동네로 가야 했다. 이방인이던 그는 금세 표적이 됐다. 말로 놀리다 손찌검까지 서슴지 않았다. 학원에 가는 일이 두렵고 싫었다. 몇 번이고 용기 내어 말했지만 돌아온 건 "안 된다"는 단호한 목소리뿐이었다. 괴롭힘을 당한다는 사실조차 부모가 걱정할까 말하지 못했다. 다른 곳에서 시간을 때우는 꾀도 떠올리지 못했다. 결국, 괴롭힘을 감내하며 학원을 다녔다. 버스에 오를 때마다 '세상은 더 두렵고 위험하다'는 생각이 커졌다. 그 경험은 커다란 상흔으로 남았다. 낯선 곳에 발을 들이는 순간 언제든 약자가 될 수 있다는 믿음, 그리고 세상에 대한 불신.

중·고등학교 때 그는 학교와 집만 오갔다. 집에선 방에 틀어박혀 게임만 했다. 할머니와 부모의 요구에 맞춰 움직이는 척하면 큰 문제는 없었다. 정작 '나는 무엇을 하고 싶은가'는 궁금하지 않았다. 알고 싶지도 않았다. 누군가 대신 알려 주길 바랄 뿐이었다. 생산적인 일은 자연히 멀어졌고, 그래서 당당하지 못했다. 어떤 모임에 가도 '여기에 내가 있어도 되나'라는 생각이 들었다. 때로는 '세상은 내가 살 곳이 아니다'라는 극단적인 생각까지 스쳤다. 그럼에도 마음 한편에는, 따뜻한 사람을 만나고 사회생활을 해보고 싶다는 바람이 늘 있었다.

생활은 굳어갔고, 자신도 모르게 은둔이 시작됐다. 다행히 고교 때는 괴롭힘에서는 벗어났다. 방과후학교와 야간자율학습 덕분에 학원을 가지 않게 된 것이다. 폭력의 위협은 사라졌지만, 고2 무렵 우울이 찾아왔다. 의욕은 사라지고 세상은 잿빛으로 보였다. 수능은 치렀으나 대학 원서는 내지 않았다. 새로운 사람들과 부딪히는 상황이 두려웠기 때문이다. '나는 그럴 자신이 없어. 나는 세상과 어울리지 않아'라는 생각이 마음에 똬리를 틀었다.

아버지는 군에 입대했다가 적응하지 못하고 돌아온 그를 더 거세게 질책했다. 아버지에게 군대란 '남자가 정신 차리는 곳'이었다. 입영통지서를 받고 곧바로 입대했지만 군대는 새로운 시작이 되지 못했다. 첫 불침번 교육을 받던 날, 눈앞이 노래지며 무릎을 꿇었다. 곧바로 이송된 병원에서 우울증과 공황장애 진단을 받았고, 즉시 귀가 조치됐다. 집으로 돌아온 뒤 대학병원에 다니며 약을 먹었다. 아버지는 "정신머리가 썩어서 그렇다"며 화를 냈다.

그때부터 본격적인 은둔이 시작되었다. 방은 유일한 안전지대였다. 세상과의 단절이 오히려 편안했다. 그는 자신만의 어두운 방으로 깊숙이 걸어 들어갔다. 가끔 하는 운동만이 그의 유일한 친구였다. 그리고 5년의 어둠을 지나 그는 다시 세상으로 나왔다. 운동, 자신을 믿어주는 사람들, 무엇보다 '나가겠다'는 자신의 의지가 그를 끌어올렸다.

미래, 그리고 전하고 싶은 말

백지에게는 부모님으로부터 꼭 듣고 싶던 말이 있었다. "미안하다." 어린 시절 마음에 남긴 상처에 대한 진심 어린 사과. 때로는 '이 모양, 이 꼴이 된 걸 보니 기분이 어떠냐'라고 쏘아붙이고 싶은 충동도 있었다. 하지만 시간이 흐르며 그는 알게 되었다. 굳이 사과를 받지 않아도 자신은 행복할 권리가 있고, 행복해질 수 있다는 것을. 부모가 과거를 돌아보며 괴로워하는 모습을 보는 일은 자신이 바라던 장면이 아니라는 것도.

"부모님도 제 모습을 보며 마음이 편치 않으셨을 겁니다. 이제는 저에 대한 걱정도 그만하시고, 부모님도 행복한 길을 찾아가시면 좋겠습니다." 할머니와 부모님에 대한 원망은 차츰 옅어졌다. 언젠가 부모님이 떠나고 나면, 긴 세월 원망만 품고 지낸 자신이 더 허무할 것 같았다. 남 탓만 하며 스스로의 삶을 개척하지 못하는 일은 너무 비참하다고 느꼈다. 그의 마음이 바뀌자 부모님의 눈빛도 달라졌다. 응원이 담겼다. 할머니의 말 역시 예전과는 달랐다. 여전히 "기술이 최고다"라고 엄하게 말씀하시지만, 그 속엔 질책 대신 따뜻함이 배어있었다.

백지는 요즘 자신을 돌보는 일에 공을 들인다. 한때 그는 스스로를 무력한 존재라 여기며 어떤 것도 해낼 수 없다고 믿었다. 이제는 자신을 위로하고 지지하고 격려한다. 돌아보니 지금까지 단 한 번도 스스로에게 따뜻한 말을 건넨 적이 없었다. 그래서 달라졌다. 마음이 지치면 자신에게 '괜찮다'를 건넨다. 두려움이 올라와도 '괜찮다'고 토닥인다. 그는 이제, 자신을 품는 일이 살아가는 데 꼭 필요한 힘임을 안다.

서울의 작은 카페에서 아인슈페너 한 잔이 바꿔놓은 감각도 기억한다. 무언가를 찾아다니며 즐겨 본 적 없던 그가 더 맛난 한 잔을 찾아 여러 카페를 돌았다. 자신에게 준 그 작은 기쁨은 그의 삶을 더 다채로운 색으로 물들였다. 조금씩 행복해지자 비슷한 처지의 청년들이 보이기 시작했다. 그들에게 백지는 말하고 싶다. '할 수 있는 만큼, 되는 대로 하면 돼요. 그것만으로도 괜찮습니다.'

자신을 돌보기 시작하자 사람들에 대한 두려움도 옅어졌다. 예전엔 모두가 자신을 깔보고 미워하고 무엇인가를 빼앗으려 한다고 여겼다. 그 생각은 피해망상처럼 삶을 옥죄었다. 그러나 이제 그는 안다. 지나가는 사람은 그저 지나가는 사람일 뿐이라는, 단순하지만 큰 사실을. 두려움은 세상 밖이 아니라 내 안에 있었다는 것을. 혹여 누군가가 미워하는 눈길을 보낸대도 괜찮다. 그 또한 사연 있는 한 인간일 뿐이니까.

'삶은 무엇인가.' '나는 왜 태어났을까.' 어린 시절 머릿속에서 떠나지 않던 질문들의 답도 행복공장에서 찾았다. '주어진 삶을 순순히 받아들이는 수밖에 없다.' 삶은 거창한 의미가 아니라, 내 앞에 놓인 하루를 받

아들이는 데서 시작된다. '자신을 사랑하지 않으면 어떤 상황에서도 불행하다.'

아무리 좋은 환경에 있어도 스스로를 미워하면 행복은 오지 않는다. '완벽하지 못하고 부족해도, 그것을 인정하고 살아갈 뿐이다.' 결핍은 부끄러움이 아니라 사람이 품고 가야 할 조건이다. '남을 미워하는 만큼 결국 나 자신도 미워하게 된다.' 타인에게 던진 화살은 끝내 돌아와 나를 찌른다. 앞으로의 바람은 단순하다. 꾸준히 운동하며 몸과 마음을 지켜내는 일. 언젠가 운전직으로 취직해 안정된 일상을 꾸리고, 길 위를 달리며 자신의 길 또한 열어가는 일.

백지는 요즘 자신을 이렇게 소개한다.

"저는… 되는 대로 사는 사람이에요. 하지만 누군가를 미워하는 대신, 나를 사랑하며 살아가려 합니다."

애벌레의 시간

감자*의 이야기

불 꺼진 방에서 가족을 기다리던 아이

"제가 은둔 청년이 될 거라고는 상상조차 못 했어요. 초등학교 내내 친구들과 잘 지내고, 잘 놀고, 개구진 학생이었거든요. 큰 사고 없이 대학도 갔고요."

얼마 전 바리스타 2급에 합격하고 1급을 준비 중인 '감자'는 쿼카처럼 잘 웃고 커피를 좋아하는 30대 청년이다. 상냥한 얼굴만 보면 몇 해를 방에 틀어박혀 지냈다는 사실이 믿기지 않는다. 분노 생성 버튼이 상실된 채 태어난 게 아닐까 생각할 만큼 화를 내는 일도 흥분하는 일도

---

* 대학 시절부터 심리적 어려움을 겪다 28살에 은둔에 들어갔다. 7년의 은둔을 마치고 세상으로 나온 지 2년째, 사회를 배워 가고 있는 중이다.

거의 없다. 가끔 본인은 화를 냈다고 하지만, 주변은 "응? 감자가 화를 낸 거라고? 그냥 말한 거 아니야?"라고 할 만큼 그는 본성이 무척 온건하고 평화로운 친구다. 많은 사람들이 뭔가 안 좋은 일이 생기면 그 상황에 빠져 탓할 사람을 찾거나 자신의 환경을 비관하느라 혈안이 되지만, 감자는 담담히 내가 뭔가 잘못했겠지, 돌아볼 뿐 남 탓을 못 하는 편이다.

무던한 성격 덕에 어린 시절은 평범하게 행복했다. 가족 여행을 다니며 소소한 추억을 쌓으며 자랐다. 그러나 IMF가 닥치며 집안은 혹독한 시기를 맞았다. 아버지의 오랜 사업 파트너가 투자금을 들고 사라졌다. 집은 빚쟁이에게 넘어갔고 가족들은 제각기 그 시기를 살아내느라 애썼다. 초등학교 입학 전의 일이었다.

어린 감자는 초등학교에서 돌아오면 빈집에 혼자 있었다. 창밖이 어둑어둑해지면 불을 켜고 싶었지만, 혹시 불빛을 보고 빚쟁이 아저씨들이 들이닥칠까 봐 부모가 돌아올 때까지 깜깜한 채로 시간을 견뎠다. 부모는 그 시기의 어린 감자를 돌볼 여유가 없었다. 어린이들은 생각보다 훨씬 부모를 배려한다. 감자 역시 힘들어하는 부모에게 짐이 되지 않으려 애쓰며, 사춘기도 없이 중학생이 되었다.

같은 반 친구 대부분과 잘 어울리던 명랑한 감자는 그림을 좋아했다. 만화와 그림을 그리는 연합 동아리 활동을 하면서 다른 학교 친구들도 많이 사귀었다. 그림을 그리는 동안만큼은 행복했다. 그러다 동아리에서 가장 친하게 지내던 친구가 스스로 세상을 등졌다. 끝내 이유를 알지 못했다. 그날 이후 유리 조각 같은 죄책감이 가슴에 박혔다. 친구가 그만큼 힘들었다는 걸 몰랐다는 사실, 아무것도 해주지 못했다는 자책이 시간이 지날수록 깊어졌다. '인싸'였던 감자는 어느 순간 사람을 대하는 일이 어려워졌다. 연락을 미루고, 만남을 피하고, 점점 외딴 섬이 됐다.

빨리 돈을 벌고 싶어 취업이 잘된다는 기계공학과에 진학했다. 여러 대학에 합격했지만, 등록금이 가장 싼 국립대를 택했다. 왕복 4시간이 넘는 통학은 힘들었고, 영어로 진행되는 전공과목 수업은 버거웠다. 수학에는 강했지만, 영어는 턱없이 약했다. 매 학기 이어지는 조별과제는 지옥 같았다. 그는 조금씩 사람들과 멀어졌다. 버스에서 동기를 마주칠까 봐 걸어가기도 했다. 연락을 피하고 사람을 피할수록 고립은 깊어졌고, 자존감과 자신감은 바닥까지 내려앉았다.

감자는 점점 더 땅속으로 스며들었다. 소극적 거리 두기는 금세 적극적 회피로 바뀌었다. 친구와 지인의 연락을 끊었다. 종종 안부를 챙기던 고교 친구들과도 서서히 멀어졌다. 누군가에게 폐를 끼칠까 봐, 한심하게 보일까 봐, 사람을 마주하는 매 순간이 그를 지치게 했다.

도망치다시피 지원한 군대는 오히려 편안했다. 전공이 기계공학이라는 이유로 차량정비병으로 배치됐다. 한정된 관계 안에서 정해진 일만 하면 되는 구조가 안락했다. 입대 당시 불안정해 관심병사로 분류됐지만, 복무 내내 사람 좋은 선임으로 평가받으며 평화롭게 지냈다. 단 한

번, 사람을 칠 뻔한 후임에게 소리를 친 일을 제외하면 화낸 기억도 없다. 그는 정말 '분노 생성 버튼'이 없는 사람 같았다.

무난한 군 생활을 마치고 '이제는 괜찮아지지 않았을까' 기대했지만, 다시 대학으로 돌아오자 사람이 오히려 더 버거웠다. 도무지 이유를 알 수 없었다. 우연히 마주친 친구에게 눈인사하는 일조차 어려웠다. '이 상태로 졸업해 회사에 갈 수 있을까, 정상적인 사회생활이 가능할까.' 자신이 없었다.

구겨진 면 티셔츠 같은 존재

감자는 결국 자퇴를 결심했다. 기계공학으로 평생 먹고살 수 있을 것 같지 않았다. 좋아하던 만화를 업으로 삼기로 했다. 작가라면 사람들과 과도하게 부대끼지 않고도, 혼자서도 버틸 수 있겠다고 믿었다. 큰 용기였다.

감자는 매일 그림을 그리고 스토리를 다듬어 포트폴리오를 만들었다. 재능에 노력이 더해지자 공모전에서 상을 받기도 했고, 현직 작가들로부터 협업 제안을 받기도 했다. 열매를 맺을 듯 보였지만, 4년여 방에 틀어박혀 몰두하던 그 무렵 계약했던 작품이 무산되고 줄줄이 기회를 놓치자 서서히 지쳐갔다.

방 안에서 그림만 그리느라 몸을 돌보지 못한 그는 이미 망가질 대로 망가져 있었다. 체중은 120kg을 넘어 고도비만이 되었고, 고지혈증과 각종 성인병 지표들은 위험 수준에 도달해 있었다. 눈이 나빠져 모니터를 더는 볼 수 없었다. 시야가 흐려지고 멀미가 나 그림 한 컷 그릴 수 없었다. 더 이상 아무것도 할 수 없다는 좌절, 무능해진 자신에 대한 자조, 존재 자체에 대한 거부감. 바닥이 어디인지 모를 심연으로 끌려 들어가던 어느 날, 그는 방문을 닫았다.

불 꺼진 방 안에서 조용히 시간을 보내던 어린 시절처럼, 그의 은둔은 고요했고 길었다. 부모에게도 누나에게도 최대한 피해를 주지 않으려, 낡은 면 티셔츠처럼 방 안에 구겨져 살았다. 혹여 소리가 들릴까 봐 화장실에 갈 때도 발꿈치를 들고 걸었다. 120kg이 넘는 거구가 발소리도 하나 없이 다녔다. 그는 없는 사람처럼 살고 싶었다.

신체가 무너지니 정신도 부서졌다. 우울은 더 깊어졌다. 아무짝에도 쓸모없는 인간, 벌레 같은 인간, 무능한 인간, 거울 앞의 자신에게 쏟아내는 자기혐오는 브레이크 없이 폭주했다. 엘리베이터조차 타기 어려울 만큼 사람을 극단적으로 피하던 감자는, 당연한 수순처럼 죽음을 상상했다. '여기서 떨어지면 끝낼 수 있을까? 혹시 다른 사람에게 피해를 주면 어떡하지.' 그런 생각을 하다, 정작 죽을 용기조차 없는 자신을 또 미워했다.

죄책감과 자괴감이 은둔의 시간 내내 그의 하루를 빈틈없이 채웠다. 자신을 깎고 또 깎다 보면, 그 비참함이 압축되어 칼날처럼 자신을 향해 돌아왔다. 그럴 때면 무기력은 극한으로 치달아 '벗어나야겠다'는 생각조차 할 수 없었다. 바늘로 고정돼 박제된 나비표본처럼.

온몸이 암에 걸린 듯 버겁고, 걸을 때마다 휘청이도록 팔다리가 무겁게 느껴지던 어느 날, 눈앞이 하얘지며 무너졌다. 간호사인 누나가 달려와 급히 링거를 놓고 검사를 했다. 당화혈색소 수치가 13을 넘었다. 심각한 고지혈증까지 겹쳐, 당장 쓰러져도 이상하지 않은 상태였다.

아픈 와중에도 암이 아니라 다행이라 여겼다. 암이었으면 치료비와 수술비, 간병까지 부모에게 더 큰 짐을 얹게 될 테니까. '이렇게 사는 주제에 병원비까지 축낼 순 없다' 다짐하며, 그날 이후 감자는 사람이 없는 아파트 비상계단을 오르기 시작했다.

당뇨에는 식사 직후 운동이 중요했다. 그는 식사를 마칠 때마다 22층 비상계단을 왕복 두 차례, 하루 세 번씩 꾸준히 걸었다. 여전히 은둔 중이었지만 체중은 20kg 넘게 줄었고, 온몸을 찌르던 통증도 서서히 가라앉았다.

"스트레스가 극심해 스스로를 끝장낼 지경이 되면, 본능적으로 뇌가 스위치를 내리는 느낌이었어요. 그러다 좀 나아지면 다시 스위치를 올리듯 현실감각이 돌아오고, '아, 이제는 나가야겠다'는 생각이 들죠. 일년에 한두 번 그런 과정을 거쳤던 것 같아요."

어딘가에 있을 나의 길을 찾아가며

28살에 극단적 은둔·고립 상태에 빠졌던 감자는 4년이 지나서야 '스스로를 끝내기 전에 나와야 한다'고 결심했다. 막막한 가운데 도움을 청할 곳이 있는지 찾아보았다. 감자는 자신이 '은둔·고립 청년'이라는 사실조차 몰랐다. 정보도 준비도 없이 세상으로 나왔다.

청년을 지원하는 제도는 생각보다 다양했지만, 그가 도움을 받기란 쉽지 않았다. 은둔·고립 청년센터에는 그와 결이 다른 이들이 훨씬 많았다. 우울 끝에 은둔했다가 센터에 온 청년들 중에는 사회와 타인에 대한 분노로 가득한 이들도 있었다. "내 잘못이 아니라 세상이 잘못됐다"는 목소리 앞에서, 모든 잘못을 자기 탓으로 돌리던 감자는 다시 움츠러들었다. 다들 나에 비하면 엄청 멀쩡한데 왜 은둔·고립 청년이 되었지? 라는 생각을 하며 더 작아지는 느낌이었다.

걸음마 단계의 우리 사회 지원 시스템은 고립·은둔·사회부적응을 가려내지 못했다. 자발적 은둔은 극심한 자기 성찰 끝에 자기비하로 이어지기 쉬웠지만, 타의적 고립은 오히려 자기중심적이고 타인과 사회에 공격적으로 나타나는 경우가 많았다. '우는 아이 떡 하나 더'라는 말처럼 지원은 고립 청년 쪽으로 기울었고, 정작 은둔 청년들은 뒤로 밀려나는 게 당시 센터의 현실이었다.

"어렵게 다시 나온 사회에서, 공격적인 사람들과 나를 이해하지 못하는 사람들을 마주하는 건 너무 힘들었어요. 정말로 다시는 은둔하고 싶지 않았는데… 어딜 가도 나만 빼고 다들 평범하게 잘하고 있는 것 같았어요."

행복공장에서의 경험은 그에게 큰 전환점이었다. 센터의 추천으로 만난 행복공장의 '움직이는 섬'은 은둔 청년을 발굴하고 치유하기 위한 맞춤형 묶음 프로그램이었다. 초기 상담과 치유 체험, 직업 적응훈련과 교육까지 한 흐름으로 제공됐다. 그는 이 과정을 통해 새로운 시도들에 하나씩 도전했다. 처음엔 피하고 싶고 두려움이 컸지만, 시간이 지날수록 자신의 안에서 일어나는 작은 변화를 또렷이 느낄 수 있었다.

"제일 좋았던 건, 갈 때마다 내가 변해 있다는 거였어요. 내 성장이 느껴졌달까요. 점점 겁이 줄고, 연극도 재밌어지고. 처음엔 연극하라고 했을 때 진짜진짜 하기 싫었거든요. 노래까지 부르라 해서, 와… 저는 노래해 본 적도 없고 부를 노래도 없는데, 정말 힘들었어요."

무대 위에서 즉흥으로 자기 이야기를 풀어내는 일은 큰 도전이었다. 하지만 '힘든 것'과 '싫은 것'은 달랐다. 감자에게 그 시간들은 버겁지만, 꼭 해내고 싶은 과정이었다. 당당히 자신을 표현하는 법을 배우며, 매번 조금씩 달라진 자신을 확인할 때마다 잃어버렸던 웃음이 돌아왔다.

사람에 대한 긴장이 어느 정도 풀릴 즈음, 그는 서울시 동행일자리로 관악구청 주택과에서 일했다. 늘 웃는 얼굴로 민원인을 대하는 친절함에 많은 이들이 호감을 보였다. 이런저런 문제로 힘들어하며 목소리를 높이는 이들을 만날 때면, 사기 피해로 힘들어하던 부모의 얼굴이 떠올라 더 따뜻이 응대했다. 업무 기간이 끝날 무렵 근무 평가가 좋아 구청장 표창도 받았다. 구청에서 일하는 동안 많은 걸 배웠지만, 또 한편으로는 '내가 모르는 것이 정말 많구나' 하는 깨달음도 얻게 됐다. 그는 앞으로 더 다양한 일들을 시도하고 더 많이 배워 가고 싶다.

"스테이플러를 빼오라는 지시를 받고 산더미 같은 서류에서 침을 하나하나 손으로 뽑았습니다. 나중에 주무관님이 오셔서 '아니, 그걸 왜 손으로 하느냐'며 스테이플러 리무버를 갖다 주셨죠. 모두가 당연히 아는 걸 나만 모르는 게 아직 많다는 걸 그때 절감했습니다. 당연한 것부터 체계적으로 배울 수 있는 기회가 있으면 좋겠다고 생각했어요.

하고 싶은 일이 가득한 내일

IMF를 지나며 아버지는 신용불량자가 되었다. 금융거래를 할 수 없게 된 아버지는 감자 명의로 이런저런 활동을 하셨다. 성인이 된 뒤 감자는 자신도 모르는 사업과 수입 때문에 정작 본인이 필요한 국가 지원을 받지 못했다. 정리를 부탁할 때마다, 여전히 자기 이름으로는 일할 수 없다는 아버지는 시선을 피하고 슬그머니 자리를 떴다. 아버지의 IMF는 아직도 진행 중이었다.

"어릴 때 딱 한 번 아빠한테 놀아달라고 매달렸다가 발로 차인 뒤로, 아빠와의 기억은 거의 없어요. 정말 미울 때는 아빠가 죽어도 별로 슬프지 않을 것 같다는 생각도 했죠. 그런데 돌아보면… 저는 가족이 있었기에 어쨌든 이 자리까지 나올 수 있었던 것 같아요. 가족들이 행복했으면 좋겠어요."

은둔·고립 청년들 가운데는 가정폭력이나 가족 해체를 겪어 가족에 대한 증오가 깊은 이들이 많다. 감자 역시 한때는 손을 내밀어주지 않는 부모를 미워했다. 어린 시절 너무 지쳐 있던 부모가 모든 것을 포기하고, 혹시 내 물에 독이라도 탈까 두려웠던 때도 있었다. 그러나 어른이 된 지금, 그는 부모를 이해하게 되었다. 그것은 곧 자기 자신을 이해하는 과정이기도 했다.

"생존을 위해 가장 믿고 의지할 부모의 눈치를 봐야 하는 어린아이였잖아요. 주변 모든 사람들의 감정에 예민했고, '나 때문에 힘들게 하면 안 된다'고… 너무 오래 연기를 해온 거예요. 결국엔 무너질 수밖에 없었겠죠."

집안 사정이 어려워지고 긴 은둔기를 지나며 바깥을 많이 못 다녔던 감자는 지금도 해보고 싶은 게 참 많다. 모르는 것도 많고, 해보고 싶은 것도 많아서 어쩌다 재미있어 보이는 걸 알게 되면 혼자서라도 해보며 배웠다. "사실 별거 아니에요. 롯데월드도 가보고 싶었고, 빕스 같은 패밀리 레스토랑도 가보고 싶었고, 가츠동이나 스테이크도 먹어보고 싶었고, 노래방도 가보고 싶었어요. 차를 몰고 바다에도 가보고 싶고요. 이제 꽤 많이 해보긴 했는데, 또 모르는 걸 알게 되면 해보고 싶은 게 더 늘겠죠."

감자는 세상 무해한 웃음을 지으며 소박하고 해맑은 내일의 계획을 이야기했다. 지금 당장은 그 모든 걸 다 할 만큼 돈이 없지만, 돈이 생기면 할 일들의 계획은 아주 많이 세워두었다. 그의 MBTI는 계획형이 100%다.

감자는 셰어하우스를 거친 은둔 청년들 중에서도 루틴이 잘 회복된 편이다. 스스로를 잘 챙기고, 요리도 좋아해 제법 한다. 은둔 기간에도 부모에게 끼니까지 의지하기에는 죄책감이 커서 이것저것 해 먹었다. 특히 간장계란밥을 자주 만들어 먹었고, 지금도 즐겨 먹는다.

직업은 여전히 숙제다. 지금은 행복공장에서 일하며 국가 지원도 받고 있지만, 흔들림 없이 삶을 이어가려면 언젠가는 매달 일정 이상의 급여를 받는, 오래 다닐 수 있는 일을 가져야 한다는 걸 안다. 은둔하지 않은 청년들도 취업이 어려운 시대이고, 자신에게 아직 부족함이 많다는 것도 안다. 그래서 답 없는 고민에 빠지기보다 긍정 쪽을 택한다. "해본 게 없어서 오히려 행복할 수도 있잖아요. 할 게 많으니까."

그가 진짜로 하고 싶은 일은 웹툰 작가다. 오래 품어 온 꿈이라 구상한 스토리도 많이 축적돼 있다. 『반지의 제왕』 같은 판타지 세계로 들어가는 이야기, 타임루프를 다루는 이야기들을 좋아한다. 예전엔 좀비물과 재난영화, 〈워킹데드〉 같은 작품을 즐겨 봤다. 상담 선생님은 그 취향의 이유를 "극한 상황 속에서 희망을 찾는 것을 좋아해서"라고 설명해주었다. 다만 지금의 건강상태로는 장시간 모니터를 보는 웹툰 작업을 감당하기 어려워 조금 더 몸과 눈이 회복될 때까지 유예해 두었다. 언젠가 멋진 작품으로 '작가'라는 이름을 얻는 날을 꿈꾼다. 그가 그려낼 주인공은, 혼란 속에서도 결국 희망을 찾아내는 인물일 가능성이 크다.

번데기예요. 곧 나비가 될

그는 은둔의 가장 깊은 시기를 "누가 손을 내밀어도 나올 수 없는 상태"라고 했다. 죄책감과 자기비하가 극한까지 치솟으면 무기력에 갇혀 아무 생각도 하지 못한다. 그러다 1년에 한두 번, 본능적인 위기감이 찾아와 '이대로는 안 된다'는 마음이 일면 비로소 탈출구를 찾기 위해 발버둥치게 된다. 그때가 바로 은둔에서 빠져나올 수 있는 '타이밍'이다. "그때 누군가 불러주고 손을 내밀어준다면, 조금이라도 빨리 나올 수 있을 것 같아요."

그는 여전히 "은둔 청년에게 필요한 건 안전한 공간과 관계망, 그리고 그들을 믿어주는 단 한 사람의 지지"라고 강조한다. 은둔은 혼자 극복하기 어렵다. 어렵사리 방 밖으로 나와도 사회로 건너가는 '안전한' 중간 단계가 없어, 걸음마를 배운 어린 동물이 길목에서 다시 돌아가거나 다치듯 주저앉기 쉽다. 감자는 그 감각을 "건너갈 다리가 없다"고 표현했다. 20대에 익혔어야 할 사회생활의 기본을 배울 기회가 없으니 무엇을, 어디서부터 배워야 하는지조차 막막했던 것이다.

그럼에도 그는 달라졌다. 예전엔 작은 비난에도 깊게 상처받았지만, 이제는 의미 없는 말은 흘려보낼 만큼 자존감이 자랐다. 사람을 피하던 그는 대화를 두려워하지 않게 되었고, 힘든 날이면 마음을 털어놓을 친구도 있다. 한때 스스로를 '바퀴벌레처럼 숨어 사는 존재'라 여겼지만, 이제는 숨지 않고 세상 앞에 서 있는 자신을 담담히, 괜찮다고 말할 수 있다.

행복공장에서의 시간은 단순한 '프로그램 체험'이 아니었다. 새로운 나를 준비하는 치열한 과정이었다. 낯선 사람들과 6개월을 함께 지낸다는 극도의 두려움을 애써 누르며 들어선 행복공장은 그에게 '번데기' 같은 공간이 되었다.

남에게 보이기 싫은 실패한 벌레가 아니라, 언젠가 날아오를 나비가 될 번데기, 그 믿음을 처음 선물 받은 시간이었다. 가만히 있는 것 같아도, 나는 치열하게 앞으로 나아가고 있다는 확인. 스스로를 다독이고 인정하는 법을 배운 시간.

그는 자주 자신을 애벌레에 비유한다. 애벌레가 번데기 속에서 완전히 용해되어 액체가 된 뒤 새로운 몸을 설계해 나비로 태어나듯, 자신도 과거의 한심했던 자기를 녹여내고 새롭게 설계해 가는 중이라고. 번데기 속에서 차근차근 세포가 만들어지듯 작은 변화들이 쌓였다. 연극 무대에

서서 자기 이야기를 꺼내고, 어색한 웃음으로 사람들과 어깨를 맞대고, 두려웠던 노래까지 불러 보며 그는 조금씩, 그러나 분명히 성장해갔다.

"노래방도 가본 적이 없어서 나중에 혼자 가서 노래 연습도 했어요. 이제는 엘리베이터에서 사람을 만나면 먼저 인사도 해요. 저, 정말 많이 변했어요." 무해하고 행복한 미소와 함께 감자는 달라진 자신을 뿌듯해했다. 이제는 그를 찾아주는 이도, 함께 하자고 손 내미는 이도 늘었다. '흠, 나도 이제 좀 필요한 사람인가?' 하는 작은 으쓱함이 그의 회복을 하루만큼 더 밀어올린다.

그는 올해 말 새 집으로 이사한다. 주거 취약계층 임대주택에 입주가 확정된 것이다. 은둔하던 작은 방을 나와 셰어하우스에서 일상을 배우고, 친척이 내어준 눅눅한 반지하에서 혼자의 삶을 단단히 다져 온 감자는 이제 드디어 '나만의 집'에서 내일을 만들어간다. 감자는 더 이상 무너지지 않을 자신을 믿는다. 작지만 소중한 새 집을 정성껏 꾸미고, 그곳에서 새로운 꿈과 도전을 이어 갈 것이다.

건강이 더 좋아지고 시력이 회복되면 웹툰도 다시 그리고 싶다. 언젠가 노르웨이로 오로라를 보러 갈 계획도 세워두었다. 남들이 뭐라 하든, 그는 자신이 가장 좋아하는 노랫말처럼 끝내 잘 해낼 자신을 믿는다. 돌아보면 작은 아쉬움도 있지만, 그래도 이제 그는 자신이 꽤 괜찮은 사람임을 안다.

> 불편해할 용기
> YB*의 이야기

미소 뒤로 숨겨지는 진짜 마음들

YB는 조용한 청년이다. 그 조용함이 상대를 불편하게 하거나 무겁지는 않다. 오히려 상대의 마음을 편하게 하고 싶어 더 자주 미소를 짓고 한마디를 건네는, 상냥한 청년이다. 겉보기엔 20대 같지만, YB는 서른을 훌쩍 넘겼다. 군 복무로 밖에 나와 지낸 1년여를 빼면, 10년 넘게 집 밖, 아니 방 밖으로도 거의 나서지 않았던 진정한 '은둔 고수'다.

은둔에서 나온 지 1년 남짓. 지금 그는 서울시 은평구청 보건소에서 일한다. 민원인이 몰릴수록 YB를 찾는 사람은 더 많아진다. 흔히 '진상'

---

* 고등학교 3학년 때 처음 은둔에 들어가 13년이라는 긴 시간을 고립 속에서 보냈다. 지금은 밖으로 나온 지 2년째, 부모로부터 독립 후 새로운 일상에 적응해 가고 있다.

이라 불리는 이들도 굳이 그를 찾아올 때가 많다. 늘 웃는 얼굴에 정성껏 응대하니, 일이 당장 풀리지 않아도 "그래도 저 청년에게 말하니, 마음이 덜 불편하다"는 말이 돌아온다.

"웃고 있다고 일이 힘들지 않은 건 아니에요. 다만 다른 사람을 괴롭히고 싶지 않았어요. 힘들어도 내가 맡으면 차라리 마음이 편한 거죠."
그에겐 남에게 폐를 끼치는 게 세상에서 가장 싫은 일이다. 10여 년을 사람을 피해 숨어 지냈던 YB는 이제 가장 까탈스러운 사람 앞에서도 웃으며 말할 수 있다. 그런 하루를 보내고 나면 스스로를 칭찬할 만큼 그는 성장했다.

많은 은둔·고립 청년들은 타인을 공격하느니 차라리 자신을 괴롭히는 것을 선택한다. 오랜 시간 사회적 관계를 끊고 집 안에만 머문 탓에 대부분 사람은 그들이 '어딘가 비뚤고 음울하고 거칠 것'이라는 편견을 가지기 쉽지만, 실제로 만나보면 대개 순하고 잘 웃는다. 피부도 하얗고, 동안인 데다 유순한 인상을 풍긴다. 사람을 불편하게 하기 싫은 마음에 조심스레 물러서고, 쉽게 상처받는 마음을 보듬으려 방 안으로 숨었기에 더 여리고 말갛다.

또래처럼 욕설을 내뱉거나 홧김에 목소리를 높이는 일도 드물다. YB도 그렇다. 그가 짜증을 내거나 언성이 높아지는 모습을 보려면 아주 가까운 사이라야 가능할까 말까다. 그는 '타인'의 범주에 있는 사람들 앞에선 속마음을 깊이 감추고, 친절한 미소로 적당한 거리를 둔다.

"불행한 가정은 제각기 그 나름의 이유로 불행하다"는 톨스토이의 말처럼, 사회적 관계가 끊겼다는 결과는 같아도 각자의 사정은 다르다. 제각기 다른 성향과 환경을 가지고 각자의 고통을 감내하는 것이다. 어떤 은둔 청년은 사람을 마주하는 것 자체가 고통이지만, YB는 그 자체를 힘들어하진 않았다.

그가 은둔하게 된 이유는, 어릴 적부터 남달랐던 성숙함과 섬세함에 닿아 있다. 그는 평균의 사람들보다 훨씬 예민한 레이더를 지녔다. 누군가는 스쳐 지나칠 타인의 감정 변화를 집어내고, 그 원인을 자신에게서 찾곤 했다. 그렇게 남의 마음을 먼저 읽고 자신을 뒤로 미루던 버릇이, 어느 순간 그를 조용히 방 안으로 밀어 넣었다.

너무 일찍 심겨진 은둔의 씨앗

그의 은둔은 어린 시절의 기억에 깊게 뿌리내려 있다. 초등학교에 입학하기도 전, 사소한 실수 하나가 발단이었다. 정신없이 놀다 바지에 실수를 했고, 엄마는 크게 화를 내며 소리를 질렀다. 왜 이렇게 사고만 치느냐, 이렇게 속 썩일 거면 차라리 나가버려라, 부끄러워서 못 살겠다는 말까지.

그 순간이 지금도 생생하다. 어린 그에게 엄마의 폭언은 깊은 상처가 되었다. '아, 나는 엄마에게 귀찮고 쓸모없는 존재구나. 차라리 없어졌으면 좋겠다고 생각하는구나.' 어머니의 말 속에 숨어 있던 냉정함과 귀찮음을 처음으로 마주한 YB는 충격을 받았다. 울음을 삼킨 채 엄마를 바라볼 뿐, 아무 말도 하지 못했다.

맞벌이로 늘 바빴던 부모 탓에 원래도 살가운 기억은 드물었지만, 그날 드러난 엄마의 쌀쌀한 민낯은 그의 마음을 오래 아프게 했다. '부모조차 원치 않는 존재'라는 생각은 마음속에 괴로움의 씨앗을 심었다.

유치원에서 또래들과 장난치고 여자아이들을 놀리며 평범하게 지내던 YB는 그날 이후 어떤 것에도 흥미를 잃었다. 초등학교 시절의 기억은 희미하다. 일부러 지운 것도 아닌데 남아 있는 장면이 거의 없다. 그저 매일 학교에 갔다 돌아오는 일상의 반복뿐. 그나마 정이라는 감정을 어린 그에게 알게 해준 사람은 할머니였지만, 그의 마음속 빈자리는 쉽게 채워지지 않았다.

어린 시절의 방치는 자존감을 낮추고 꿈이 자랄 자리를 가로막았다. 그는 부모에게서 '와, 우리 YB 참 잘했구나!'라는 칭찬도, '커서 뭐가 되고 싶어?'라는 다정한 질문도 들어본 적이 없다. 부모는 폭력을 쓰지도, 애정을 건네지도 않았다. 그저 무심했다. 의외로 사이가 좋았던 두 사람은 자주 가족 외식도 나가곤 했는데, 한 번도 그에게 무엇을 먹고 싶은지 묻지 않았다. 계절이 바뀌면 다른 집들처럼 여행을 갔지만, 기억에 남은 추억은 없다. 부모를 따라 어디론가 갔다가, 다시 집으로 돌아온 사실만 남았다.

"저는 남들 보기에 '정상적인' 가족처럼 보이기 위한 열쇠고리 같다고 느꼈어요. 그냥 데리고 다니는 거죠. 두 분은 사이가 좋았고, '나'만 아니면 아무 문제 없었을 사람들이었어요. 가끔은 '나만 없으면 둘은 더 편할 텐데' 하는 죄책감이 들기도 했습니다."

부모가 남 보기 부끄럽지 않게 살길 바랐던 탓에, 중·고등학교 시절의 그의 하루는 평범하고 무난했다. 눈뜨면 학교에 가고 집에 오면 방에 있다가 부모가 귀가하면 나가서 인사하고 다시 방으로 돌아오는 일. 그렇게 쳇바퀴 같은 일상을 고3까지 이어가며, 그는 서서히 시들어갔다. 사는 일이 지겨웠다.

부모에게조차 정서적 보살핌을 받지 못한 그는 친밀한 관계를 맺는 법을 배우지 못했다. 누구에게도 폐 끼치고 싶지 않아 모든 걸 조심하다 보니, 혼자 있는 게 가장 편안했다. 아웅다웅하며 우정을 쌓을 친구도, 속마음을 털어놓을 선생님도 없었다. 그렇게 너무 일찍 심어진 은둔의 씨앗은, 시간이 지나며 조용히 뿌리를 내렸다.

문을 닫다

고등학교 3학년이 되던 해였다. 그동안 거의 말이 없던 아버지가 어느 날 갑자기 화를 냈다. 퇴근해 돌아온 아버지에게 인사하고 방으로 들어가려던 YB에게, 아버지는 버럭 소리쳤다. "도대체 넌 뭐가 되려고 그렇게 사냐. 공부라도 좀 열심히 하든가. 꼴도 보기 싫다." 험한 말이 쏟아졌다.

그에게 무엇을 하고 싶은지, 어느 대학에 가고 싶은지 한 번도 물어본 적 없던 사람이, 무슨 바람이 불어 인사하던 아들에게 갑작스러운 폭언을 퍼붓는 것인지 이해할 수 없었다. 처음엔 당황했고 어안이 벙벙했다. 아버지의 폭력적인 태도에 속이 상했지만, 뭐라 말해야 할지 몰랐다. '회사에서 화나는 일이 있었나 보다. 그래서 집에 있는, 만만한 나에게 화풀이를 했나 보다.' 그렇게 넘기려 했다.

남들에게 자신의 기분을 설명하거나 화를 내는 법에 익숙지 않았던 YB는 그날부터 방문을 닫고, 마음의 문도 닫았다. 그때까지도 그는 부모를 미워하지 않았다. 다만 평범한 부모처럼 아들에게 최소한의 관심과 지지를 보내주길 바랐다. 대놓고 요구한 적은 없지만, 은연중에 품어 온 그 바람이 짓밟히자 그는 항의하고 싶었다. '그렇게 꼴 보기 싫다면, 방에서 나가지 않겠다.' 다른 소년들처럼 사고를 칠 줄 몰랐던 그는, 자신을 가두는 것 외에는 부모를 속상하게 할 방법을 몰랐다. 혈기왕성한 고등학생이 방 안에만 틀어박히면 부모가 불러낼 줄 알았다. '왜 그러냐'고 묻고 이야기를 꺼낼 줄 알았다. 그러나 그런 일은 일어나지 않았다.

한 달, 두 달, 석 달이 지나도 부모는 아무 말이 없었다. 무관심은 여전했다. '괜히 말을 꺼내봤자 불편해지기만 한다'는 듯, 서로가 서로를 피했다. 오히려 집 안은 더 조용해졌다.

스스로 가둔 시간

그래도 그는 부모와 마음을 끊었을 뿐, 학교엔 나갔다. 완전히 은둔으로 접어든 그 날을 또렷이 기억한다. 이번엔 어머니였다. 무슨 일인지 어머니가 평소보다 일찍 퇴근했고, 그는 언제나처럼 방에 들어가 '없는 사람'처럼 조용히 있었다. 그런데 어머니가 갑자기 방문을 벌컥 열며 소리를 질렀다. "그래, 네 마음대로 해. 거기 처박혀서 절대 나오지 마! 나오기만 해 봐, 내 손으로 죽여버릴 테니까!"

왜 그날, 왜 그 순간이었는지 그는 지금도 모른다. '원하던 대로 조용히 눈에 띄지 않게' 지내던 자신에게 왜 폭언을 퍼부었는지. 부부가 닮는다는 말처럼, 폭언까지 닮아 버린 걸까. '회사에서 무슨 일이 있었나 보다. 또 만만한 나에게 화풀이를 하나 보다.' 그렇게 스스로를 달랬다.

YB는 더 깊은 심연으로 가라앉았다. '나오면 죽여버리겠다'니, 이제 나가지 말아야겠다고 결심하고 방에 침잠했다. 밤이면 잠을 자고, 낮이면 일어나 컴퓨터 게임을 했다. 누군가 사다 놓은 편의점 도시락으로 끼니를 때웠다. 은둔의 몇 해 동안 그는 거의 매일 편의점 도시락만 먹었다. 지금도 편의점 도시락은 쳐다보기도 싫다.

수년 동안 방에서 한 걸음도 나오지 않는 아들을, 부모 누구도 궁금해하지 않았다. 괜찮은지, 아프지는 않은지, 들여다보지 않았다. 긴 시간 동안 YB는 '나는 의미 없는 존재'임을 매 순간 되새겼다. 왜 살아야 하지? 그냥 죽는 게 나을까?

　부모는 그를 외면했고, 부끄러워했다. 그들에게 중요한 것은 '아들이 괜찮은가'가 아니라 '우리 집이 남에게 어떻게 보일까'였다. 혹여 누군가 아들의 은둔을 눈치챌까 안절부절못하며 주변엔 거짓말을 했다. 지인이 집에 오면 절대 나오지 말라, 눈에 띄지 말라 했다. 어차피 나갈 생각도 없는데, 그런 말만 보탰다. 가끔 친척이 와서 그의 안부를 물으면 "집에 없다", "요즘 공부하느라 힘들다"며 천연덕스레 둘러댔다.

　방 안에서 소리 없이 몸부림치는 그의 고통에, 부모는 한 줌의 관심도 보이지 않았다. 그는 무가치함과 삶의 무의미함에 질려 결국 그만 살기로 결심했다. 다른 선택은 없어 보였다. 그렇게 부끄럽고 귀찮다면, 이만 사라져주자 하는 마음으로 단식을 시작했다. 어차피 살고 싶지도 않았으니까. 그 결심의 한편에는 극한의 상황을 마주하면 부모가 자신의 고통을 깨달아 주지 않을까 하는, 아주 작은 기대도 있었다. 진심으로 '미안하다' 한마디만 해준다면 받아주겠다고도 생각했다. 설마 자식이 곡기를 끊고 죽어 가는데, 뭐라도 하지 않을까.

　"대놓고 말을 해보진 않았지만, 그래도 한집에 사는데 부모가 제 상태를 모를 리 없다고 생각했죠. 어차피 죽을 생각이었으면 다 털어놓고, '내게 사과하라'고 제대로 한번 말이라도 해볼 걸 그랬나 싶어요. 그래도… 그 사람들은 안 했을 거예요. 잘못했다는 생각 자체가 없었을 테니까."

덩그러니 놓인 흰 죽 한 그릇

돌아보면 그날이 부모에게 건네는 YB의 마지막 호소였다. 그의 단식은 장장 석 달간 이어졌다. 부모는 사라지지 않는 음식과 아무것도 먹지 않는 방 안의 아들을 보며 무슨 생각을 했을까. 멍한 와중에도 그는 가끔 그들의 생각이 궁금했다. 아무것도 먹지 않은 채 나날을 보내는 동안 그는 매일 조금씩 사그라졌다. 기운이 없어 대부분 누워 지내고, 정신이 들면 물과 이온음료를 마셨다.

부모는 여전히 문 안의 YB를 궁금해하지 않았다. '제발 그만해'라는 말도, '그러다 몸 상한다'는 걱정도 없었다. 이온음료라도 마시니 죽지는 않겠지 하고 생각했던 것인지, 그런 생각조차 없었던 것인지는 모른다.

"어느 날 눈을 뜨니 책상 위에 흰 죽 한 그릇이 놓여 있었어요. 멀거니 쳐다봤던 기억이 나요. 먹고 싶지 않았어요."

그는 그 죽이 식어가고 상해가는 시간을 지켜봤다. 누가 갖다 놓았는지 모를 그 흰 죽은 제자리에 놓인 채 쉰내를 풍기며 곰팡이가 피어 썩어갔다. 먹었는지 확인하지도 않을 그 죽은, 누가 왜 거기 두었을까. 처음 놓인 자리에서 퍼렇게 변해가는 죽을 보며 YB는 '나도 여기서 저렇게 죽어가겠구나' 생각했다.

어떻게 단식을 끝냈는지는 기억나지 않는다. 문득 깨달았다. '내가 죽어도 상관없는 사람들 앞에선 내가 굶어 죽어도, 그들에게는 아무 상처도 되지 않겠구나.' 자신을 인질로 삼았는데, 알고 보니 부모에겐 인질이 될 만큼 소중한 대상이 아니었다. 허탈함과 자괴감이 밀려왔다. 그러곤 문을 열고 나와 무언가를 먹었다. 뭘 먹었는지 기억은 없지만, 집에 먹을 것이 변변치 않았으니 아마 라면이었을 것이다.

그는 그렇게 무의미한 10년을 보냈다. 문을 닫은 채 부모를 증오하면서도, 부모를 어찌할 수 없으니 스스로를 괴롭히며 20대를 다 흘려보냈다. 살고 싶지 않았지만, 죽는 방법도 몰랐다.

"다른 사람을 죽이는 것도, 스스로를 죽이는 것도 불가능한 사람이 있잖아요. 제가 그랬어요. 이런 말 하면 나쁘지만, 당시엔 스스로 목숨을 끊었다는 뉴스를 보면 부러웠어요. 난 못하는데."

사실 YB는 매사에 조용하며 나서지 않는 성격일 뿐, 관계 자체를 두려워하진 않았다. 국가가 강제로 끌어낸 군 복무 기간은 의외로 잘 지냈다. 부모와의 관계를 떠나 합법적으로 밖에 나갔다 돌아온 1년 남짓이 YB의 20대에서 유일한 사회생활이었다.

사회복무요원 복무를 마치고 집으로 돌아오자, 그는 다시 방으로 들어갔다. 은둔 초기에 죽고 싶은 생각을 피하려고 매달렸던 게임도 이제는 소용없었다. 화면 속 캐릭터가 아무리 성장해도, 현실의 그는 여전히 같은 방에 갇혀 있었다.

절망의 끝에서야 쏟아낸 마음

하루, 또 하루 허무가 쌓여갔다. 그는 아침마다 생각했다. '나는 왜 살아야 하지. 그냥 죽는 게 낫지 않을까.' 절망의 심연은 우물보다 깊었고 끝이 보이지 않았다.

그러던 어느 날, 마침내 견딜 수 없는 순간이 왔다. 그는 숨을 몰아쉬며 방문을 벌컥 열었다. 그리고 태어나 처음 부모 앞에서 목소리를 터뜨렸다.

"제발, 나 좀 죽여주세요! 원하는 대로 죽어드리고 싶은데, 저는 스스로 할 수가 없어요. 이제 제발 나를 죽여주고 다 끝내자고요!"

아파트 전체가 울릴 만큼 그는 소리쳤다. 이웃이 다 들을 정도로, 집 안 가득 그의 절규가 메아리쳤다. 부모가 무엇보다 남의 시선을 두려워한다는 걸 알았기에, 그는 더욱 크게 외쳤다. 남들에게 부끄럽게 보이기 싫다면, 이제는 다 정리하고 끝내자고. 처음이자 마지막으로 내 목소리를 들어보라고.

그는 분노와 절망, 오래 쌓인 한을 한꺼번에 토해냈다. 그가 얼마나 더 아파야 하는지, 왜 그렇게 무정하게 방치해 왔는지, 왜 단 한 번도 사과하지 않는지. 그는 울며 따져 물었다. 그제야 부모는 "우리는 네가 방안에서 잘살고 있는 줄 알았다"고 말했다. 허무했다. 어떻게 한번 들여다보지도 않고 '잘 지낸다'고 생각할 수 있었을까. 부모는 끝내 YB에게

준 상처를 사과하지도, 인정하지도 않았다.

그날 이후 부모는 은둔 청년을 돕는 기관을 수소문했고, 도움을 청했다. YB는 완강히 상담을 거부했다. 은둔 전문가이자 '안무서운회사' 대표인 승규는 1년 넘게 그를 설득했다. 찾아가고, 전화하고, 메시지를 보냈다. 아무것도 하고 싶지 않은 YB에게 "그냥 나와서 맛있는 거나 먹자"고 권했다. 그즈음, 그는 어느새 서른이 넘어있었다.

일상의 회복

YB가 일상회복을 향해 처음 내디딘 곳은 행복공장이었다. 승규의 설득으로 프로그램 내용을 살펴보긴 했지만, 연극을 활용한다는 말에 정말 하고 싶지 않았다. "딱 한 번만 참여해 보라"는 권유를 거의 1년 동안 거절하다 보니 미안함이 쌓였고 마음도 슬슬 불편해졌다. 이렇게까지 나를 위해 권하는데, 딱 한 번은 원대로 해주자고 마음먹고 참여했다. 홍천 행복공장에서 진행하는 2박 3일 치유프로그램이었다.

연극이라니! 나서기를 싫어하는 그에게 프로그램은 분명 스트레스였지만, 매 순간 마주치는 사람들에게서 진심이 느껴졌다. 고마웠다. 스태프들은 친절했고, 매 순간 최선을 다해 도우려 했다. 실질적 도움 여부와 무관하게, 진심 자체가 위로가 됐다.

2박 3일을 보내며 YB는 깨달았다. '생각보다 사람들과 지내는 게 할

만하네. 어울리는 이 기분, 의외로 좋네. 나도 사회활동을 할 수 있겠구나.' 작지만 기분 좋은 자신감이 생겼다. 이후 그는 스스로를 진지하게 돌아본 끝에 셰어하우스로 나왔다.

 은둔 청년들의 셰어하우스에서 그는 오랜만에 일상을 살았다. 아침에 일어나 사람을 만나고, 대화를 나누고, 제대로 된 식사를 하고, 책을 읽었다. 사람을 어려워하진 않았지만, 너무 오래 침묵해 온 입은 대화에 서툴렀다. 한 질문에 답하는 데 30분이 넘게 걸릴 때도 있었다. 그의 20대는 바싹 마른 나뭇가지 같았기에, 햇살과 비를 만나 잎을 틔우고 광합성을 하려면 시간이 필요했다. 그에게 일상회복은 또 다른 도전이었다.

 YB는 여전히 삶에 큰 바람이나 열정은 없지만, 루틴을 차근차근 되찾아 가는 중이다. 아침을 챙겨 먹고 출근해 최대한 친절히 민원인을 응대한다. 집에 돌아오면 '모찌'를 산책시키고 저녁을 먹고, 너무 늦지 않게 잠자리에 든다. 스스로를 한마디로 표현하라면 좀비 같다고 하겠지만, 그렇다고 죽고 싶다는 뜻은 아니다. 이제는 내가 없어지면 미안해질 사람들이 있다. 1년 반 동안 그를 끌어내고 붙들어 준 이들이 있고, 행복공장의 대표도 있다. YB는 다른 사람에게 상처를 주고 싶지 않다.

이제 나를 찾아가는 시간

지금은 셰어하우스 생활을 마치고, 그곳에서 만난 동생 같은 은둔 청년과 방을 얻어 함께 산다. 은둔 청년을 닮은 유기견 모찌도 함께다. 사람을 보면 반가움을 드러내지만, 적극적으로 다가오기엔 겁이 많은 모찌가 그와 닮았다.

셰어하우스가 문 닫을 위기에 처해 어쩔 수 없이 집을 얻어 나오며 함께 살게 된 하우스 메이트는 그처럼 조용하고 말이 없다. YB는 그에게 어쩐지 형처럼 마음이 쓰인다. 처음으로 다른 사람의 일상을 먼저 걱정하고, 더 잘되기를 바라는 마음이다. 그렇다고 겉으로 말을 덧붙이진 않는다. 은둔 청년은 타인의 시선과 평가에 예민하고 쉽게 다친다는 걸 알기에, 섣불리 조언을 던지지 않는다. 그저 믿고 지지할 뿐이다.

그는 책을 많이 읽었다. 어릴 적 학교가 끝나면 집 근처 대여점에서 소설을 읽었다. 그곳의 3천여 권을 다 읽고 나니 더 읽을 게 없어 만화까지 섭렵했다. 현실을 잠시 벗어나 다른 세계를 상상하는 일이 고통을 덜어주었다. 지금도 근무를 마치면 모찌와 동네를 산책하거나 책을 읽으며 마음을 가라앉힌다.

여전히 '하고 싶은 것'은 분명하지 않지만, 하나둘 찾아보고 도전해 보려 한다. 일상의 루틴을 지키려고 애쓴다. 요즘은 요리실력도 부쩍 늘었다. 셰어하우스에서 배운 요리들을 해 함께 사는 동생에게 차려주는 일이 작은 보람이다. 말도 빨라졌다. 한마디 대답도 어려워하던 1년 전과 비교하면 괄목할 만한 변화다. 스스로 '나, 꽤 말 잘하는데?' 하고 뿌듯해한다. 원래도 남의 생각과 분위기를 살피고 예절에 민감한 편이었는데, 요즘은 거기에 '조금은 꼰대 같은' 기질이 더해진 것 같다며 웃는다. "예의를 무협지에서 배워서 그런가 봐요."

그에겐 사람을 대할 때 나름의 '유교적' 기준이 있다. 혼자일 때는 상관없었지만, 이제 타인과 소통하다 보니 어린 친구들 눈엔 구닥다리로 보일까 조심하며 대화 연습 중이다. 남의 농담을 덜컥 따라 했다가 분위기를 싸하게 만든 적도 있어, 앞으로는 더 조심해 말하려 한다. 다른 사람과 말해 본 경험이 너무 적었던 그에게, 자연스럽고 재미있는 대화로 향하는 길은 아직 멀다.

"저는 그냥 사람들이 불편하면 힘들어요. 사람들을 조용히 지원하고 분쟁을 조율하는 게 제게는 가장 맞는 역할인 것 같아요. 앞으로도 그렇게 살고 싶어요."

오랜 은둔에서 나온 그에겐 모든 일이 도전이다. 사람들과 조화롭게 어울리는 세상에서 자기 역할을 하며 살아가는 일. 모찌와 평화로운 아침과 저녁을 나누며 하루하루 일상의 근육을 키워가는 일. 아직 배워야 할 것이 많지만, 언젠가 자신의 힘으로 직장을 다니고 다른 이를 돕는 삶을 꿈꾸며 YB는 오늘도 조금 더 용기를 낸다.

친절한 현재 씨
현재*의 이야기

스스로에게 너무 가혹했던 시간들

친절한 현재 씨의 하루는 셰어하우스를 한 바퀴 둘러보고 하우스 메이트들에게 인사를 건네는 일로 시작된다. 쓰레기통을 비우고, 필요한 물건이 잘 비치됐는지 확인한다. 주방에선 일찍 깬 이들이 커피를 내리고 있다. "잘 잤어요?" 눈을 맞추며 말 한마디 건네면, 아직 잠에서 덜 깬 얼굴에도 미소가 번진다. 함께 간단한 아침을 차려 먹고 나면 어느새 출근 시간. 빠르게 걸으면 10분 남짓이지만, 오늘은 아침부터 회의와 상담, 외부 강연이 이어지는 바쁜 날이라 그의 발걸음은 분주하다.

---

* 대학 2학년 무렵 은둔이 시작되어 총 7년의 은둔·고립의 시간을 보냈다. 이제 세상으로 나온 지 1년, 다른 은둔·고립 청년을 돕는 활동을 하며 일상을 회복해 가는 중이다.

"저는 '안무서운회사'에서 근무하는 현재라고 합니다. 7년간 꽤 긴 은둔 생활을 했고, 작년 2월 세상 밖으로 나와 나아가는 중입니다."

사람들 앞에서 그는 담담히 자신을 소개한다. 한때는 이 짧은 문장조차 목에 걸려 나오지 않던 시절이 있었다. 이제 그는 셰어하우스의 하우스 메이트이자 관리자이며, '안무서운회사'에서 은둔·고립 청년을 위한 프로젝트를 맡고 있다. 상담 요청과 협업 제안이 많아 그의 다이어리는 몇 달 치 일정으로 빼곡하다.

현재는 더 이상 사람을 피하지 않는다. 누구를 만나든 차분히 자신을 드러낼 수 있다. 오랜 은둔을 지나 다른 청년과 가족을 위해 일하는 지금, 과거에는 한심하고 부끄럽다 여겨 숨고 싶었던 마음이었지만 그는 달라졌다. 더 많은 회복을 돕고 정책적 지원을 끌어내기 위해 용기를 낸다. 스스로 겪은 고통이 있기에 누군가의 손을 잡아 줄 수 있다는 사실이 큰 동력이 된다. 물론 가끔 다시 숨고 싶을 때도, 감정이 격해질 때도 있다. 그럴수록 그는 자신을 받아들이며, 긴 시간을 돌아 얻은 안정으로 천천히 중심을 세워 가는 중이다.

현재는 1남 1녀 중 장녀다. 장녀라는 자리는 늘 무거웠다. 부모의 기대, 어린 동생을 돌봐야 한다는 부담, 가족을 지켜야 한다는 막연한 책임감이 어린 시절부터 그의 어깨를 짓눌렀다. 어릴 때부터 자기관리에 철저하고 책임감이 강했던 그는, 어른이 되어서도 스스로에게 야박할 만큼 엄격했다. 누군가 사소한 결점을 지적하면 곱절로 반성했고, 자신이 세운 기준에 미치지 못하면 밤새 자책에 시달렸다.

그렇게 숨가쁘게 달리던 날들 위로 정서적 충격이 겹치며, 그는 결국 지쳐버렸다. '실패하면 안 된다'는 압박 속에서 더는 나아갈 힘이 없을 때까지 자신을 밀어붙였고, 끝내 7년이라는 긴 은둔에 빠졌다. 그의 은둔은 높은 기준에 맞추려 자신을 갈아 넣은 끝에 맞닥뜨린 번아웃의 결과에 가까웠다.

어려운 형편에 은둔조차 사치였다. 절망 속에서도 생활비를 벌려고 억지로 나가 아르바이트를 했다. 간신히 사람을 응대하고 돌아오면 몸은 축 늘어졌고, 살아 있는 일 자체가 고통처럼 느껴졌다. 있는 힘을 끝까지 긁어모아도 버틸 수 없는 날에는, 머릿속엔 오직 죽고 싶다는 생각만 맴돌았다.

배달음식으로 하루를 때우던 시절, 한 달 식비가 100만 원을 넘기기도 했다. '이렇게 살면 안 되는데'라는 자괴감이 수시로 마음을 후벼팠다. 거울 속 자신은 한심하고 못나 보였다. 아무것도 하지 못하는, 쓰레기 같은 인간이라며 스스로를 깎아내렸다.

돌아보면, 남들이 보기에 아무것도 안 하고 집에서 놀고먹는 듯 보였을 그 기간은 실상 하루도 쉬지 않고 자신을 들볶은 시간이었다. 내면을 살피지 않은 채 어떻게든 '정상적인 생활'로 돌아가겠다며 매일 자신을 채찍질했다. 방 안에 틀어박힌 채 구직 정보를 끊임없이 검색했고, 아르바이트를 시도했고, '취직만 하면 나아질 것'이라는 기대에 직장도 다녀봤다. 정신과 상담도 받았지만, 잠깐 숨 고르는 데 그쳤다.

그는 여러 번 다짐했다. 배달을 끊고 직접 요리를 해보자. 하루에 한 번은 꼭 바깥에 나가 보자. 그러나 그 미약한 발버둥은 제자리만 맴돌았다. 응원과 격려는 오히려 독이 됐다. 절벽 끝에 매달린 사람에게 '힘내라'라는 말은 공허했다. 그는 이미, 있는 힘을 다 짜내고 있었기 때문이다.

밖에 나가기가 무서워

7년을 자기 안에 가둔 채 보낸 끝, 스물아홉의 겨울에 그는 마음을 굳혔다. 이제는 정말 나와야 한다고.

"내년이면 서른이고, 서른이 넘으면 다시는 취직할 수 없을 것 같았어요. 돌이킬 수 없을지도 모른다는 조급함이 컸죠."

마침 그 무렵 보건복지부의 은둔 청년 실태조사가 발표됐다. 그의 유튜브 알고리즘에는 고립·은둔 청년에 관한 영상이 연이어 떠올랐다. 처음엔 흘려보냈다. 어느 날, 화면에 한 문장이 박혔다. '밖에 나가기가 무서워.'

"미디어 속 '히키코모리'의 이미지와 저는 닮은 데가 별로 없다고 생각했어요. 그래서 내 얘기가 아니라고 여겼죠. 그런데 그 문장을 보는 순간, 어? 나도 밖에 나가는 게 무서운데⋯ 그때 처음으로 '아, 나도 고립·은둔의 한 형태구나' 하고 자각했습니다."

자신의 상태를 인지하자, 그동안의 처방이 잘못됐다는 걸 알아차렸다. 아무것도 할 수 없을 만큼 에너지가 고갈돼 방으로 숨었는데, 마음은 한순간도 쉬지 못했다. 그러니 몸도 마음도 회복될 리 없었다. 여전히 바닥난 상태에서 '취직만 하면 다 나아질 것'이라는 기대는 환상이었다. 억지로 끌어내 봐야 의무기간이 끝나는 즉시, 소라게처럼 더 깊이 숨어들 게 뻔했다. 그는 자신의 상태를 인정했다. 제대로, 온전히 1년을 쉬자. 그리고 나가자.

이름은 '현재'인데, 그의 고통은 늘 '미래'에 있었다. 미래를 떠올리면 숨이 막혔다. 현재의 상태로 미래를 살아낸다는 게 가능할 것 같지 않았다.

어린 마음속 꽁꽁 감춰온 수치심

어린 현재는 활발했다. 골목을 누비며 친구들과 뛰놀았고, 자잘한 상처쯤은 대수롭지 않게 여기던 말괄량이였다. 그러나 일곱 살 무렵, 집안 사정이 남들과 다르다는 걸 알아차린 순간 처음으로 '수치심'을 배웠다. 그때부터 사람들 앞에서 한결 소심해졌고, 눈치가 더 빨라졌다.

부모의 사이는 좋지 않았다. 아버지는 엄했고 때로는 폭력적이었다. 직접적으로 그를 학대한 건 아니었지만, 사소한 잘못에도 과한 체벌이 이어졌고 무엇보다 어머니를 향한 폭력이 잦았다. 물건이 날아다니고 폭언이 오가는 집은 늘 불안과 공포로 가득했다.

"집에 있으면 늘 무서웠어요. 우리 가족은 비정상이니까, 이걸 다른 사람에게 들키면 안 된다고 생각했죠." 그래서 밖에서의 현재는 더 착하고, 더 예쁘고, 더 모범적인 아이가 되어 갔다.

열한 살에 부모는 이혼했다. 현재는 남동생, 어머니와 함께 친척 집에 얹혀살았다. 세 사람이 방 한 칸에 모여 지내는 동안 그는 더욱 움츠러들었다. 그 집은 '우리 집'이 아니라 생각됐고, 어른들의 눈치를 보느라 거실조차 쉽게 나가지 못했다. 어쩌면 그때가 은둔의 시작이었을지도 모른다.

"하루하루가 너무 숨 막혀서… 엄마에게 강아지를 키우자고 떼를 썼어요." 이유는 몰라도, 까맣고 작은 복슬강아지 '원'을 데려오자 숨통이 조금 트였다. 기쁜 일도 슬픈 일도 마음 편히 나눌 존재 하나 없던 그에게, 원이 건넨 무조건적인 사랑과 온기는 버거운 청소년기를 버티게 한 힘이었다.

상황은 더 나빠졌다. 친척의 형편까지 기울며 그들은 단칸방으로 밀려났다. 사람 여섯과 반려동물 셋이 한 방에 살았다. 누우면 몸을 움직이기도 어려웠고, 책상을 펼 공간도 없었다. 고등학교 시절엔 밤늦게 공부하려면 친구 집을 전전해야 했다. 대학에 가고 취업을 해야만 이 현실에서 벗어날 수 있다는 절박함이 그의 유일한 동력이었다. 친구 부모들조차 "어떻게 그렇게 마음을 다잡느냐"고 감탄할 만큼, 현재는 절망 속에서도 스스로를 채찍질하며 버텼다.

더 이상은 못 하겠어, 도저히

대학에 입학하면서 그는 잠시 숨을 돌릴 수 있으리라 기대했다. 그러나 현실은 달라지지 않았다. 생활비와 교재비를 벌기 위해 늘 아르바이트를 해야 했고, 장학금을 받으려면 매 학기 평균 3.5 이상의 학점을 유지해야 했다. 그는 언제나 야무지게 제 몫을 해내야 하는 사람이었다.

스물셋 여름, 버팀목이던 강아지 '윈'이 강아지별로 떠났다. 갑작스러운 상실은 그를 무너뜨렸다. 기말고사, 동아리, 아르바이트… 쌓인 책임 앞에서 그는 아무것도 할 수 없었다. 삶이 그대로 멈춘 듯했다.

"모든 게 한순간에 무너졌어요. 그때 맡고 있던 일들이 정말 많았는데, 그 모든 걸 그냥 놓아버렸어요. 제 의지나 선택의 문제가 아니라, 도저히 할 수가 없었어요. 아무것도."

시험이 끝나고 방학이 시작되자 그는 방으로 들어가 스스로를 가두었다. 그대로 은둔이 시작됐다. 밖과의 소통을 끊고, 눈을 뜨면 게임을 켜고 유튜브를 보며 시간을 흘려보냈다. 밤이 깊어 새벽이 될 때까지 버티다 쓰러지듯 잠들고, 눈을 뜨면 같은 하루가 반복됐다.

처음엔 자신의 상태를 몰랐다. 조금 쉬면 다시 일상으로 돌아갈 거라 믿었지만, 그의 은둔은 번아웃으로 인한 일시적 무기력과는 달랐다. 간신히 버티던 둑이 터지듯, 그를 지탱하던 내면의 의지가 와르르 무너졌다. 목표도 방향도 사라지면서 일상의 루틴과 자존감이 완전히 붕괴했다.

"짐승처럼 살았다"는 말은 과장이 아니었다. 관계는 서서히 끊어졌다. 연락할 힘조차 없을 때는 소통이 불가능했고, 조금 나아졌을 때는 잠수 탄 미안함 때문에 연락할 수 없었다. 평소 칼같이 약속을 지키던 그였기에 약속과 책임을 내팽개치고 도망친 자신을 도무지 용납할 수 없었다. 수치심은 사람들과의 거리를 더 멀게 했다.

은둔 중에도 상태가 나아졌다고 느끼면 아르바이트나 단기 취업을 시도했다. 방송 외주 제작사에서 6개월 일한 적도 있다. 이를 악물고 사람들과의 관계를 버티며 계약 기간을 채웠다. 그러나 계약이 끝나는 순간 다시 방으로 숨어들었다. 회사는 좋은 조건을 제시하며 함께하자 했지만, 그는 이미 고갈되어 있었다.

엎친 데 덮친 격으로 조울증은 더 심해졌다. 빠져나간 에너지는 채워지지 않았다. 그의 스무 살은 말 그대로 '잠시 멈춤' 상태였다. 정상궤도로 돌아가려 발버둥 쳤지만, 한 발짝도 앞으로 나아가지 못했다.

용기를 낸 한마디, 회복의 시작

은둔하던 시간 동안 현재는 아버지와 연락을 끊었다. 아버지는 평생 그의 삶에서 냉정하고 어려운 존재였다. 막막함과 서러움으로 버거웠던 어느 날, 그는 충동처럼 전화를 걸었다. 그토록 성실히 살아왔는데 인생이 이토록 엉망으로 기울어 버린 억울함을, 누구에게라도 말하고 싶었다.

"따지려던 건 아니었어요. 자라면서 겪은 기억들이 아직도 저를 괴롭히고 힘들게 한다는 걸 하소연하고 싶었던 것 같아요. 어쩌면 위로를 받고 싶었을지도요."

아버지는 묵묵히 듣는 듯했지만, 대부분의 말을 부정했다. 그는 상처의 장면들을 제대로 기억조차 하지 못했다. 그 무성의가 현재의 분노에 불을 붙였다.

"왜, 왜 기억을 못하세요? 아빠는 저도 개 패듯이 때렸잖아요!" 아버지는 차갑게 답했다. "필요한 체벌이었겠지. 개 패듯이 팬 적은 없다."

벽을 사이에 둔 대화처럼 멀기만 했다. 현재는 소리쳤다. 제발 내 말을 끝까지 들어 달라고, 내 마음을 한 번만 들여다봐 달라고. 그러나 아버지는 "아빠한테 소리 지르는 딸은 내 딸이 아니다"라는 말을 남기고 전화를 끊었다. 끊긴 자리에서 그는 오래 울었다. 그날 이후 두 사람의 관계는 끊겼다.

두 해가 지나, 은둔에서 나와 '행복공장'의 비난·방어 프로그램에 참여했을 때 그는 마음속 방어대상으로 아버지를 세웠다. 그동안 하지 못했던 말을 다 쏟아냈다. 왜 그랬느냐고, 왜 아버지 때문에 내가 이렇게 망가지고 힘들어야 하냐고, 눌러두었던 울분과 서러움이 한꺼번에 터져 나왔다.

"그날 못했던 얘기를 다 했어요. 정말 많이 울었고, 속이 후련했어요."

역할극에서 아버지 역을 맡은 사람은 그의 말을 끝까지 듣고 조용히 말했다. 네 말이 다 맞다고, 미안하다고. 서럽게 얼어붙은 마음이 눈물과 함께 녹아내렸다.

그 밤, 집으로 돌아오며 그는 2년 만에 아버지에게 전화를 걸었다. 놀랍게도 진짜 아버지의 첫마디도 같았다. "네 말이 다 맞다, 미안하다." 현재는 담담히 회상했다. "그 순간, 그 한마디에 모든 게 다 용서됐어요. 정말 다요."

엄마와의 관계도 쉽지 않았다. 어린 시절 그는 엄마가 자신을 사랑하지 않는다고 믿었다. 아빠가 출장을 가고 엄마마저 늦게까지 모임에 나가면, 일곱 살 아래의 남동생을 그는 혼자 돌봐야 했다. 무관심과 방치 속에서 일기장에는 '엄마가 밉다'는 문장이 자주 적혔다. 그러나 시간이 흐르며 시선이 달라졌다.

"한번은 엄마에게 물었어요. '나 평생 이러면 어떻게 할 거야?' 엄마가 괜찮대요. 너 하나 먹여 살릴 수 있다고. 세상이 험하니 집에 있어도 된다고."

의외였다. 질책 대신 조건 없는 수용이 담긴 말이었다. 은둔 중 떠오르는 장면이 또 하나 있다. 어느 날, 좀비처럼 재미도 없는 게임을 하며 시간을 보내고 있는데 엄마가 뒤로 지나갔다. '내가 얼마나 한심해 보일까.' 온 신경이 곤두서는 순간, 엄마가 지나가며 그의 머리를 쓰다듬었다. "우리 현재는 일곱 살 때도 게임 좋아하더니, 아직도 애기처럼 귀여운 게임을 좋아하네."

그 한마디가 깊은 위로였다. '엄마는 나를 미워하지 않는구나. 이렇게 한심해도 사랑하는구나.' 돌아보니 엄마는 그를 닦달하지 않았다. 학교를 그만둘 때도, 방 하나를 차지하고 틀어박혀 있을 때도, 따져 묻지 않았다.

절망 속에서는 아무것도 보이지 않았지만, 묵묵한 기다림과 사이사이 스며 있던 믿음이 결국 현재가 스스로 나오게 하는 용기의 씨앗이 되었다.

깊은 물에서 빠져나오기 위한 노력들

스물여덟 겨울, 그는 우연히 청년센터를 알게 되었다. 도자기, 글쓰기, 진로 상담… 무료 프로그램이 끝없이 눈에 들어왔다. 익사 직전의 사람이 지푸라기를 잡듯 매달렸지만, 단기프로그램이 끝나면 무기력이 다시 밀려왔다. 억지로 끌어올린 의욕은 바람 빠진 풍선처럼 금세 꺼졌다. 무언가라도 해야 한다며 발버둥 칠수록 오히려 아무것도 못 했다. 지원정책을 찾아 참여해도 결국은 다시 제자리였다. 차라리 아무것도 하지 말자고 자신을 풀어놓고 나서야, 바깥으로 나갈 힘이 생겼다.

"은둔하는 동안 편하게 쉰 순간이 없었어요. 마음은 늘 지옥 같았죠. '나가서 뭐라도 해야지!' 하며 스스로를 몰아세우던 날들이었어요."

전환점은 행복공장의 '움직이는 섬'이었다. 6개월짜리 장기 프로그램. 이벤트가 아니라 동행에 가까운 시간은 그의 루틴을 다시 세우는 데 도움이 됐다. 진행 도중 그는 용기를 내 셰어하우스에도 들어갔다. 같은 경험을 가진 청년들과 스태프가 함께 사는 곳이었다.

"처음엔 공포였어요. 하루 이틀은 감출 수 있겠지만, 한 달 두 달이 지나면 결국 민낯을 드러내야 하잖아요. 그게 무서웠죠. 내가 한심해 보일까 봐."

그러나 함께 살며 공포와 편견은 서서히 옅어졌다. 모자라고, 결핍을 드러내도 괜찮다고 말해주는 사람들이 있었다. 그제야 '나도 받아들여질 수 있구나'라는 안도가 찾아왔다. 갈등도 겪었다. 어느 날 자신을 빼고 모여 있는 이들을 보곤 분노를 터뜨렸고, 대표는 그런 그에게 실망을 드러냈다. 상처는 났지만 무너지지는 않았다. 돌이켜보면, 그 모든 과정이 그를 단단하게 만들었다. 타인과 관계 맺는 법, 스스로를 다독이는 법을 그때 배웠다.

지금 그는 상처받은 치유자로서, 자신이 걸어온 길이 누군가를 돕는 자산이 되길 바란다. 그 과정에서 자신도 더 치유되고 자라나길 바란다. 예전엔 한 번의 실수에 무너져 숨었지만, 이제는 다르다.

"실수해도 다시 나갈 수 있는 용기가 생겼어요."

현재의 꿈, 미래의 꿈

현재는 아직 스스로가 단단히 여물지 않았다고 느낀다. 그래서 가끔 재고립이 두렵다. '이렇게 부족한 나를 사회가 받아줄까? 다시 망가지면 어떡하지?' 두려움은 여전하지만, 예전과 다른 점이 하나 있다. 이제는 도움을 요청할 수 있다. '나 지금 힘들다'라고 말할 수 있게 된 것이다. 현재에게는 아주 큰 변화다.

  욕망이 크지 않은 그의 꿈은 소박하다. "방 두 개짜리 아파트에서 엄마랑 같이 살고 싶어요. 안정된 공간이 있으면 좋겠어요."

  아직 외출이 쉽지 않고 사람을 만나는 일이 두렵지만, 그는 가끔 옛 친구들에게 연락하고 함께 밥도 먹는다. 예전처럼 관계를 단숨에 회복할 수는 없지만, 다시 하나씩 천천히 쌓아가는 중이다.

  "1년 뒤요? 사실 명확한 목표는 없어요. 그런데 어제보다는 오늘이 조금 나아졌고, 예전보다는 뭔가를 해볼 수 있을 것 같아요."

  말은 조심스럽지만, 그의 에너지는 분명 앞을 향하고 있다. 긴 어둠의 터널 끝에서 작은 빛을 발견한 사람처럼, 그의 담담한 얼굴엔 오늘의 현재를 잘살아냈듯 내일의 현재도 잘살아낼 수 있으리라는 조용한 자신감이 담겨 있다.

멈춰 있는 시간 사이에
이민정* 님의 이야기

배움과 연대가 건넨 실마리

이민정(가명) 씨는 정신이 번쩍 들었다. 2022년 초였다. 돌아보니 집 안은 초상집 같았다. 큰아들 민수(가명)가 몇 년째 방에 틀어박혀 나오지 않았기 때문이다. 남편은 "애가 왜 저 꼴이냐"며 화만 냈고, 시어머니의 치매도 시작됐다. 이 씨는 자신이라도 정신을 바짝 차려야 한다고 마음먹었다. 민수는 방에서 꼼짝하지 않았다. 24시간 불조차 켜지 않은 채 지냈다. 그 시절을 두고 민수는 "시간이 멈춘 것 같았다"고 했다. 무슨 일이 있었는지도 또렷하지 않았다.

---

* 아들 민수가 20살 무렵부터 약 3년 반 동안 은둔 생활을 했다. 스스로 상담심리를 공부하여 아들과 가족의 회복을 돕고자 노력하고 있다.

병원에선 조울증이라고 했다. 약을 먹으면 괜찮아질 줄 알았다. 아니었다. 민수는 여느 환자와 달랐고, 누구도 속 시원한 답을 주지 못했다. 이 씨는 공부를 시작했다. 프로이트를 읽고, 융의 책을 파고들었다. 심리학을 공부하며 민수가 왜 이런지 조금씩 이해하게 됐다. 유튜브에 올라온 배정규 교수의 조울증·조현병 강의도 큰 도움이 됐다. 언론 기사도 뒤졌다. 그러다 고립·은둔 청년을 돕는 '푸른고래리커버리센터'를 알게 됐고, 비슷한 사례를 다룬 기사를 접하며 처음으로 '민수가 은둔형 외톨이인가'라는 생각이 스쳤다.

이 씨는 은둔 청년 부모들의 네이버 카페에 가입해 활동을 시작했다. 오프라인 모임에는 남편도 데리고 갔다. 민수의 상황을 알아야 아이에게 덜 상처를 줄 수 있을 거라 믿었기 때문이다. 카페 활동을 하며 마음속에서 '살았다'는 말이 절로 나왔다. 그동안은 답답함뿐이었다. 왜 이러는지 알 수 없었고, 위로는 생각도 못 했다. 할 수 있는 방법은 다 해봤지만 통하지 않았다. 그 사실을 깨달았을 때의 절망감이 컸다.

모임에서 대표를 맡은 이는 민수의 상태를 묻더니 "우선 링거 주사부터 맞히라"고 했다. 은둔 청년은 먹는 것도 제대로 챙기지 못하고 운동도 잘 하지 않으니, 건강부터 돌보라는 것이었다. 처음 듣는 실질적인 조언이었다. 그때부터 이 씨는 민수의 밥상에 정성을 쏟고 반응을 살폈다. 전에는 손을 대지 않으면 그냥 치웠지만, 이제는 늦게 들어오는 날에도 먹었는지 꼭 확인했다. 그러던 어느 날 민수가 말했다. "이게 맛있었어." 이 씨는 깜짝 놀랐다.

 간식도 챙겨 두기 시작했다. 어느 순간부터 간식이 조금씩 사라지는 게 보였다. 그러던 날, 민수에게서 문자가 왔다. 마트 진열대 사진을 찍어 보내 달라는 것이었다. 먹고 싶은 간식을 고르겠다고 했다. 처음엔 어이가 없고 화가 났지만, 결국 사진을 보냈다. 그 뒤로 민수는 조금씩 마음을 열기 시작했다. 엄마가 자신의 말을 들어준다고 느꼈던 듯하다.

 이제 이 씨는 민수의 입맛을 안다. 바싹 태운 김치볶음밥을 좋아하고, 고기, 치킨, 햄버거를 잘 먹는다. 간식은 자극적인 맛을 찾는다. 시큼한 젤리는 '원픽!'. 무엇보다 또렷한 기억은 민수가 처음 자기 손으로 불닭볶음면을 사 들고 온 날이다. 그 작은 변화가 터널 끝에 비치는 불빛처럼 느껴졌다.

 2025년 여름, 기적 같은 일이 찾아왔다. 7월, 민수가 친구 두 명을 집에 데려왔다. 나이는 민수보다 많았지만 잘 어울렸다. "다음에도 친구 데리고 올게요." 그 말을 듣는 순간, 몇 년간 닫혀있던 문이 열리는 소리가 들리는 듯했다. 이 씨는 지금도 민수의 절절한 말을 기억한다. "난 죽을 때까지 친구를 못 사귈 것 같아." 그렇게 말하던 민수가 친구와 함께 집에 들어왔다. 가슴을 누르던 큰 돌 하나가 빠져나간 듯했다. 적어도 '친구 하나 없는 고통'은 끝난 셈이었다.

 요즘 민수는 한 달에 한두 번 아버지와 마트에 간다. 2년 전 시작된 루틴이다. 처음엔 남편이 "쓸데없는 걸 산다"며 못마땅해했지만, 이제는 타협한다. 사고 싶은 게 일곱 가지라면 세 가지로. 민수도 아버지와 마트 가는 날을 기다린다. 같은 카트를 밀며 나누는 짧은 대화가 이 집의 새로운 '연결'을 만들었다.

또 다른 변화는 일이다. 민수는 행복공장의 은둔 청년 프로그램에 참여해 바리스타 자격증을 땄다. "별을 보며 소리도 질러보고, 그날 처음 마음의 평안을 느꼈어요." 그는 '집중력'이라는 감각이 서서히 돌아왔다고 했다. 프로그램을 마친 뒤에는 이웃이 운영하는 카페에서 6~7개월 아르바이트를 했다. 손님이 몰릴 때면 순간 '얼음'이 되기도 했지만, 함께 일하는 누나들이 "괜찮아"라며 감싸 주었다. "그게 좋았어요." 민수는 그렇게 말했다.

두 번째 시작과 상처의 뿌리

민수로 인해 이 씨의 삶도 크게 변했다. 그는 서울 강남의 한국상담대학원대학교에 진학해 상담심리를 공부하며 '은둔형 외톨이 자녀를 둔 부모 자조모임 참여 경험'을 주제로 논문을 쓰고 있다. 공부를 하면서 민수의 병이 평생 갈 수도 있음을 깨달았다. 감기처럼 약 먹고 쉬면 낫는 병이 아니었다. 민수가 아프기 시작한 이유도 어렴풋이 보였다. 남편은 억울해하겠지만, 그의 영향이 컸다. 무엇보다 후회가 남았다. 민수는 여러 차례 구조 신호를 보냈지만, 그걸 알아채지 못했다. 배운 적이 없으니 어떻게 해야 할지 몰랐다.

큰 생채기는 아마 2015년 무렵, 민수가 중학생일 때 생긴 것 같았다. 남편은 시누이와 10년 넘게 카페를 운영하다 허리 디스크로 일을 그만둘 수밖에 없었다. 그 무렵 우울증을 겪었고 정서가 불안정했다. 그 영향이 민수에게 미쳤다. 남편은 민수를 일관성 없게 대했다. 게임을 해도 어떤 날은 그냥 두다가, 어떤 날은 불같이 화를 냈다. 민수에게 아버지는 두려운 존재가 됐다.

심리학을 배우며 이 씨는 남편도 이해하게 됐다. 남편은 어릴 때 아버지를 잃어 마음의 상처가 많았다. '아버지상像'을 가질 기회도 없었다. 시어머니는 남편 없이 궂은일을 도맡아 참으며 아들을 키웠고, 감정을 억눌러 견디는 분이었다. 남편 역시 그런 영향을 받았다. 유년기부터 아버지의 부재로 가장의 책임감과 경제적 성공에 대한 강박을 품었고, 만성적 부담은 잦은 짜증으로 새어 나왔다. 임계점을 넘으면 억눌러 온 감정이 폭발했다. 그런 성정 탓에 집에 머물던 시기, 의도치 않게 민수에게 상처를 줬을 것이다. 중학생이던 민수에겐 감당하기 어려웠다. 그는 그때부터 방 밖으로 잘 나오지 않았다. 부부는 심각하게 보지 않았다. 다른 집처럼 사춘기려니 했다.

민수는 초등학교 때까지 별 탈 없이 자랐다. 친구들과 잘 어울렸고 여학생들에게도 인기가 있었다. '절친'은 주말이면 집에 와 함께 지낼 정도였다. 하필 아버지 때문에 힘들어하던 시기, 그 친구와도 틀어졌다.

친구의 형은 홍대에서 인디밴드를 했고, 친구도 래퍼를 꿈꿨다. 방학이면 머리를 노랗게 물들이고 담배를 피웠다. 함께하는 시간이 줄더니 어느 날 민수에게 "꺼져!"라고 했다. 유치원부터 중학교 때까지 가장 가까웠던 친구에게 들은 말이었다. 하필 그때였다. 고등학교를 졸업하고 병원에 다닐 무렵, 이 씨는 두 아이의 만남을 주선했다. 그러나 그 친구는 그런 말을 했는지 기억조차 하지 못했다.

민수는 고등학교에 다닐 때도 '구조 신호'를 보냈다. 2019년 초, 고2 겨울방학이 끝날 무렵이었다. 개학을 앞두고 "학교에 가기 싫다"며 펑펑 울었다. 자퇴하겠다고 했다. 이 씨는 밤새 달랬다. "졸업장은 따야 하지 않겠니. 1년만 참자. 등교만 해. 공부는 안 해도 된다. 졸업장만 따자." 그때만 넘기면 괜찮아질 줄 알았다. 무지하고 어리석었다. 아이가 어떻게 그 시간을 버텼는지 나중에야 알았다. 후회가 컸다.

부모의 반대로 민수는 어쩔 수 없이 학교에 다녔다. 그러나 무기력했다. 시험 시간에도 십여 분 앉아 있다 책상에 엎드려 자곤 했다. 백지 답안지를 내기도 했다. 다행히 직접적인 학교폭력은 없었지만, 아이들의 시선과 태도에 깊이 상처받았다. 엎드렸다가 일어나면 자신을 좀비 보듯 바라봤다고 했다. 따뜻하게 대해주는 이는 없었다. 지옥 같은 시간이었다. 집에는 무서운 아버지가 있고, 학교에는 친구가 없었다. 지금 돌이켜보면 민수는 극심한 고립감과 우울에 잠겨 있었다.

그러나 이 씨는 그 신호를 읽지 못했다. 짐작조차 못 했다. 민수는 자신이 왕따를 당했다고 했지만, 실제는 스스로 외부와 담을 쌓고 있었다. 민수는 학교 상담실에도 찾아갔었다. 하지만 담당 교사는 민수가 아무런 문제가 없다고 했다.

그럼에도 졸업이 다가오자 이 씨의 걱정은 대학으로 옮겨갔다. 성적이 바닥일 거라 여겼지만 내신은 3등급대였다. 마음이 놓였다. '인서울'도 가능하겠다 싶었다. 하지만 결과는 지방 국립대 합격이었다.

그런 자신에 대해 민수는 스스로를 '쓰레기'라 불렀다. 이 씨는 깜짝 놀랐다. 대학 얘기만 나오면 '지잡대'에 간다며 자신을 깎아내렸다. 그리고 2020년, 일이 터졌다. 설날이었다. 겨울방학이 끝나고 졸업식을 마치면 민수는 대학에 진학할 터였다. 사촌들과는 또래라 무척 친했다. "대학 가면 어차피 술 마실 테니 이참에 맛이나 보자"고 소맥을 만들었다. 그날 민수가 종적을 감췄다. 집안이 발칵 뒤집혔다. 연락이 닿지 않았다. 뜬눈으로 밤을 지샜다. 다음 날 인천에 사는 고모에게 연락이 왔다. 민수가 와 있다는 소식이었다. 어릴 적 여섯 달 남짓 민수를 돌봐 준 고모였다.

그날 민수에게서 온 문자에 처음 듣는 말이 적혀 있었다. "아빠는 언제든 가족을 공격할 수 있다. 매우 위험하다. 엄마는 동생을 데리고 빨리 탈출해라." 일종의 망상처럼 보였다. 3일간 설득해 정신건강센터에 데려갔다. 곧바로 대학병원 종합검사를 권했고, 진단은 조울증이었다. 이 씨는 약을 먹으면 나을 줄 알았다. 민수 안에 그렇게 큰 분노가 쌓여 있는 줄 몰랐다. 그 분노를 어찌하지 못해 스스로를 무기력의 방에 가두고 있다는 사실도 알지 못했다.

그 시절 민수는 내내 잠만 잤다. 방에서 나올 생각이 없어 보였다. 시간이 갈수록 상태는 더 나빠졌다. 이 씨는 주변에 알리고 도움을 청했다. 다행히 손길이 닿았다. 이웃이 명품 직구 사업을 하는 친구를 소개하며 아르바이트를 제안했다. 서울에서 한두 달 일한 뒤 파리에서 물건을 사 오는 일이었다. 이 씨는 민수가 방에서 나올 기회라 여겼다. 병원은 반신반의했다. "무사히 다녀오면 약을 끊는 것도 고려해 볼 수 있다." 그 말에 기대를 걸었다.

걱정스러웠지만 적극적으로 설득해 파리로 보냈다. 2022년 여름을 앞둔 때였다. 명품매장은 보따리상에게는 물건을 팔지 않기에 손님을 유심히 본다. 파리에 간 지 사흘째, 민수가 매장에 갔을 때였다. 매니저가 다가와 이것저것 묻자 민수는 얼어붙었다. 그 일 이후 호텔 방에서 나오지 못했다. 며칠 뒤 민수는 "민폐인 것 같다"며 귀국 의사를 밝혔다. 돌아온 뒤 상황은 더 나빠졌다. "사무실이라도 나가겠다"며 출근했지만, 동료들로부터 "함께 일하기 불편하다"는 연락을 받았다. 마음이 아팠다. 그 일 이후 민수는 더욱 방으로 숨어들었다. 남편은 화만 냈다. "조금 다정하게 대하라"고 하면 "내가 뭘 잘못했냐, 가족 건사하려고 열심히 산 것뿐"이라며 언성을 높였다.

이 씨는 상담 공부를 하며 남편의 마음도 살폈다. 상처를 덧내지 않고 대화하는 법을 찾고, 배우고, 적용했다. 남편은 조금씩 변했다. 둘째 윤수(가명)의 마음도 들여다보기로 했다. 윤수는 뭐든 스스로 해내는 모범생이다. 컴퓨터 보안 프로그램 개발에 능하고, 경연대회에서 장관상까지 받을 만큼 뛰어나다. 그러나 이 씨는 윤수에게서 묵직한 책임감을 본다. 형 대신 더 잘해야 한다는 마음이다.

대학원 진학은 민수와 가까워지는 데도 도움이 됐다. 늦깎이 대학원생으로 애쓰는 엄마를 민수는 유심히 지켜봤다. 과제를 못 해 끙끙대는 모습, 시험을 앞두고 전전긍긍하는 모습, 좋은 점수에 기뻐하는 모습… 학교 이야기를 꺼내면 민수는 잘 들어줬다. 먼저 시험 점수를 묻고 관심을 보이기도 했다. "공부 도와줄게"라고 말하기도 했다. 대학원에서는 시로 자기 이야기를 쓰게 했고, 이 씨는 민수에게도 권했다. 민수는 밀쳐내지 않았다. 조금씩 시로 자신의 이야기를 털어놓기 시작했다. 말로 꺼내기 어려운 마음이 글을 만나 비로소 바깥과 이어졌다.

민수와 함께 이 씨도 자신을 알게 됐다. 그는 스스로 낙천적이라 여겼다. 민수를 돕고자 시작한 공부와 대학원 진학에 대해서도 긍정적이다. "대학원을 다니며 내가 '길을 만드는 사람'이라는 걸 알게 됐어요. 지지와 응원을 많이 받았고, 그 분위기 속에서 잠재력을 최대한 발휘하는 것 같습니다. 학교를 다니지 않았다면 저도 무너졌을지 몰라요."

이 씨는 지금 제2의 인생을 준비하고 있다고 믿는다. 사회인으로서 새로운 정체성이 세워지는 중이라 느낀다. 긴 여정에서 새로운 일을 잘

해낼 수 있다는 자신감도 얻었다. "심리상담 공부를 하며 나 또한 상처를 많이 받았다는 걸 알게 됐습니다. 위기 앞에서 늘 초연한 척했는데, 돌아보니 그 초연함은 회피였습니다." 마음을 공부할수록 자신의 마음이 보였다. 힘들다고 말해야 할 순간에도 참아 온 자신을 보았다. 정말 하고 싶었던 말도 알았다. '도망가', '집에서 나가'. 가족에게 전하고 싶은 말도 가슴에서 터져 나왔다. '엄마, 아내, 며느리로 열심히 살아오니 너무 당연한 줄 아는데, 내가 없어 봐. 그래야 귀한 줄 알지.'

"그때 처음, 나도 힘들었구나. 나도 도망치고 싶었구나, 알게 됐습니다." 특히 은둔 자녀를 둔 엄마들의 자조 모임에서 책을 만들며 많이 울었다. 은둔 딸을 키우는 엄마이자 논술 강사가 마음속에 눌러 담은 생각을 잘 끌어내 주었다. 그렇게 『나는 은둔형 외톨이 엄마입니다』가 세상에 나왔다. 그때 함께 책을 쓴 열 명 남짓의 엄마들과는 지금도 가깝게 지낸다.

바뀌어가는 시선

이 씨는 요즘 민수에게도 감사하는 마음이 든다고 했다. 가끔 말로도 전한다. "네 덕분에 엄마가 완전히 새로운, 제2의 인생을 살게 됐어. 엄마는 네가 참 고마워." 그 마음을 품자 민수와의 대화 시간이 더 늘었다. 이 씨는 그런 깨달음 이후 자조 모임 활동에 힘을 더 싣기로 했다. 그곳은 은둔이라는 어려운 숙제를 풀 실마리를 찾게 해주는 곳이었다.

은둔의 문제는 가족 전체의 문제지만, 많은 가정에서 아버지들은 이를 인정하려 하지 않는다. 모임에도 잘 나오지 않는다. 한 아버지는 '자녀 양육의 실패가 곧 내 인생의 실패'라고 여겨, 남 앞에 드러내는 것을 부끄러워한다고 했다. 실제로 참여자의 80% 이상은 여성, 즉 엄마다.

이 씨는 은둔이 가족 문제이자 사회문제라고 본다. 대부분의 부모는 생계를 위해 바쁘게 살며, 사람들과 부대끼는 과정에서 마음의 상처를 입는다. 자신을 돌보는 법을 배운 적이 없고, 아이를 어떻게 키워야 하는지도 제대로 배워 본 적이 없다. 최선을 다했지만, 그 최선이 자녀에게 상처가 되기도 한다. 이 씨는 자녀의 은둔을 계기로 부모도 자신을 돌보는 법을 배울 수 있다고 믿는다. 자신이 그랬고, 남편도 그랬다.

하지만 모임에서 들은 부모들의 생각은 달랐다. 자녀의 은둔을 부끄러워하는 이들도 적지 않았다. 조금만 호전돼도 어느 날 갑자기 발길을 끊고 자조 모임에서 빠져나갔다. 그들의 목표는 어찌 보면 은둔의 흔적을 지워 '우리 집엔 그런 일이 없었다'는 상태로 돌려놓는 것일지도 모른다. "은둔 자녀의 부모 중에는 사회적 지위가 있고 자수성가한 분들이 많더군요. 스스로 목표를 이뤄 온 분들이라 자녀의 실패를 받아들이기 어려운 것 같았어요."

이 씨가 안타까워하는 건 그들이 가진 알토란 같은 지식이다. 그 지식이 쌓이고 공유되면 다른 가족과 아이들에게 큰 도움이 될 텐데, 흩어지고 만다. 발길을 끊은 가정도 걱정이다. 한동안은 나아진 듯 보여도 관리가 없으면 재고립이나 재은둔이 반복될 수 있기 때문이다.

이 씨는 상담심리를 공부하며 은둔 청년의 '완전한 회복'이 쉽지 않음을 알았고, 그것을 받아들였다. 더 나아가 변화를 위해서는 부모와 가족이 먼저 바뀌어야 함도 깨달았다. 무엇보다 재고립·재은둔을 막으려면, 부모가 고생하며 쌓은 노하우를 체계적으로 공유해야 한다고 본다.

신입회원, 회복기에 있는 가정, 은둔에서 벗어난 가정, 다시 재고립 중인 가정 등 각 가정의 상황과 이력을 담는 데이터베이스가 필요하다고 확신했다. "당사자와 부모가 내는 정보가 정말 중요합니다. 이런 일은 공공기관도 쉽게 해내기 어렵습니다. 전문가와 '준전문가'인 당사자가 힘을 모아 시스템을 만들어야 해요."

이 씨는 처음 민수가 은둔형 외톨이가 아닐까 막막했던 순간을 기억한다. 지금까지도 은둔과 고립을 가를 뚜렷한 기준이 없다. 방 안에서 취업 준비를 열심히 하는 것으로 오인할 수도 있고, 반대로 큰 문제가 아닌데도 지레 겁을 먹을 수도 있다. 그래서 자녀의 상태를 파악할 적절한 기준과 단계별 대응 매뉴얼이 시급하다고 본다.

그는 자조 모임이 '몇 사람의 헌신'에만 기대면 오래가기 어렵다고 말한다. 매뉴얼이 없으니 실질적인 도움을 받지 못한다고 느끼고, 결국 한두 번 나오다 발길을 끊는 경우가 많다. 이 씨는 '진단 체크리스트-단계별 대응-하지 말아야 할 일'까지 세세히 안내하는 매뉴얼과 경력자에게 '준전문가' 지위를 부여해 다른 가정을 돕게 하는 장치가 필요하다고 강조한다.

얼마 전 민수는 놀라운 선물을 건넸다. 친구들과 만든 노래라며 유튜브 링크를 보낸 것이다. 자신이 가사를 쓰고, 다른 청년이 인공지능으로 곡을 만들었다고 했다. 들어보니 가사도 곡도 훌륭했다. 객관적 평가를 듣고자 주변에 공유했더니 반응이 뜨거웠다. "아이들의 잠재력을 보고 너무 기뻤습니다. 가사를 들어보면 자기 이야기를 담담하고 응축된 말로 전해요. 노래를 들을 때마다 민수와 함께했던 힘든 시간이 주마등처럼 스칩니다. 밤새 울었어요."

그 노래를 계기로 이 씨의 생각은 완전히 달라졌다. 은둔 청년들은 '아무 일도 안 하는' 아이들이 아니었다. 자신이 입은 상처를 통해 세상의 부조리와 모순을 비추고, 사람들을 각성시키는 아이들이었다. 그렇게 각성한 이들과 함께, 그들은 세상의 어둠을 조금씩 걷어낼 것이다. 얼마 전 민수에게 했던 말을 다시 떠올린다. "민수야, 네가 지금 무슨 일을 하는지 아니? 너는 아무 일도 안 하는 것 같지? 아니야. 너희는 아무 일도 안 하면서 세상을 바꾸고 있어."

> 기다림은 열린 문
> 김영옥* 님의 이야기

기다림의 기술

안심이 되었다. 정말 오랜만에 느껴보는 감정이었다. 김영옥(가명) 씨가 처음 '푸른고래리커버리센터'를 찾았을 때, 상담 교사는 말했다. "참 잘하고 계시네요." 짧은 한마디였지만 그 말은 마음을 짓누르던 바위의 무게를 한껏 덜어주었다. 오랫동안 얼어붙어 있던 마음 한쪽이 따뜻한 손길에 서서히 녹아내리는 듯했다.

둘째 아들 민석(가명)은 대부분 집에서 지낸다. 바깥 활동도, 경제 활동도 거의 없다. 김 씨는 어떻게 도울 수 있을지 노심초사했지만, 무엇

---

* 아들 민석이 군 제대 이후 은둔 성향을 보이기 시작했다. 이듬해 코로나19까지 겹치며 민석의 사회와의 거리는 더 멀어졌다. 고립되어가는 아들을 보며 힘든 시간을 보냈다.

을 어떻게 해야 할지 알 수 없었다. 말 한마디도 조심스러워, 입을 떼기 전 몇 번이고 생각 또 생각했다. 그런 그에게 상담 교사는 "잘하고 있다"고 했다. 그 순간, 꽉 쥐고 있던 긴장이 스르르 풀렸다. 안도의 숨이 저절로 새어 나왔다. '그래, 내가 아이를 더 나쁘게 만든 건 아니었구나.' 그날 밤 그는 오랜만에 편히 잠들었다. 누군가 자신을 이해해주는 것만으로도 이렇게 큰 위로가 될 줄은 몰랐다.

푸른고래리커버리센터는 은둔·고립 청년이 다시 세상과 연결되도록 돕는 곳이다. 자립을 지원하고, 함께하는 공동체를 지향한다. 인연의 시작은 2024년 초 남편이 건넨 작은 쪽지였다. 민석의 '방콕' 생활이 4년을 넘긴 때였다. 쪽지에는 낯선 이름, '푸른고래리커버리센터'가 적혀 있었다. 성북구에 있는 단체였다. 전화를 걸자 7월에 은둔 청년 부모 교육 대상자를 모집한다고 했다. 심장이 잠시 멎는 듯했다. "우리 아들이… 은둔 청년이라고요?"

그 단어를 마음은 쉽게 받아들이지 못했다. 김 씨의 눈에 민석은 조용하고 내성적일 뿐, 특별할 것 없는 평범한 청년이었다. 바깥나들이보다는 집을 좋아했고 혼자 있는 시간이 길었지만, 가끔은 지인을 만나 외출했고 선배 결혼식에도 다녀왔다. '은둔'이라는 말과는 거리가 있어 보였다. 그러나 그날 이후 그는 처음으로 민석의 현재를 조금 더 객관적인 눈으로 바라보기 시작했다.

민석의 하루는 단순하다. 아침에 일어나 혼자 밥을 해 먹는다. 소화가 약해 먹는 양은 적다. 토마토에 달걀을 넣어 볶은 '토달볶'을 즐겨 하고, 점심도 스스로 차린다. 국을 좋아해 북엇국, 뭇국, 미역국을 끓여 두면 군말 없이 잘 먹는다. 낮에는 주로 게임을 한다. 가끔 뉴스도 본다. 어떤 날은 헤드폰을 쓰고 세상과 단절된 듯, 게임 속 세계로 깊이 잠긴다.

운동은 거의 하지 않는다. 헬스장을 권했지만 "사람이 많다"며 싫다고 했다. 그래서 팔굽혀펴기라도 하라고 했으나, 내켜 하지 않는 눈치였다. 키 176cm에 체중은 50kg 남짓. 여윈 편이지만 다행히 아픈 데는 없다. 문제는 집 밖으로 나가길 꺼린다는 점. 휴가철 가족 여행도 싫다고 했다. 최근 몇 년간 함께 여행한 기억이 없다.

그래도 김 씨는 몰아붙이지 않았다. 억지로 문을 열게 하기보다, 그 문 앞에서 조용히 기다리는 길을 택했다. 필요는 챙기되 간섭하지 않았다. 도움이 될 만한 일을 권하되 강요하지 않았다. 원치 않으면 "안 해도 괜찮아"라고 다독였다. 다른 가족들도 비슷하게 대했다. 무엇보다 그는 민석에게 큰 문제가 있다고 보지 않았다. 코로나로 굳게 닫힌 취업의 문 앞에서 혼자 애쓰는 중이라 여겼다. 요즘 같은 취업난에 서른을 넘긴 취준생도 드물지 않지 않은가. 김 씨는 스스로에게 말했다. '지금은 기다림의 시간일 뿐이야. 이 시간도 언젠가 지나가겠지.' 그렇게 마음을 다잡았다.

"전문가들 얘기를 들어보니 제가 참 잘한 것 같다고 하더군요. 믿어주고, 다그치지 않고, 기다려주고, 눈 맞춰준 게 도움이 됐을 거라고요.

집안 분위기도 좋아요. 민석이는 형이랑 야구도 하고요." 상담 교사는 그의 이야기를 끝까지 듣고 다시 한번 고개를 끄덕였다. "너무 잘하고 계세요." 그래도 아이가 바깥 활동을 너무 안 한다고 걱정을 덧붙이자, 교사는 말했다. "나갈 때가 되면 다 나가요." 그 말에 김 씨는 조금 더 안심이 되었다. '그래, 지금은 그때가 아닐 뿐이야.'

마음은 여전히 무겁고 복잡했다. 부모로서 할 수 있는 최선을 다하고 싶었다. 그래서 2024년 10월, 푸른고래리커버리센터의 은둔 청년 부모 교육 프로그램(2박 3일)에 참여했다. 11월에는 행정안전부 프로그램, 12월에는 청년재단 프로그램에도 이어서 참여했다. 기다리는 동안 배우고, 배우는 동안 조금씩 안심이 커졌다. 그리고 오래 닫힌 마음의 창문이 아주 조금, 빛이 스며들 만큼 열렸다.

행복공장도 그 과정에서 알게 되었다. 지난해부터 올해까지 행복공장에서 진행하는 돌봄가족 캠프에 다섯 차례나 참여했다. 그곳에 오래 머무르며 세상으로 조금씩 발을 내딛는 청년들을 지켜보자 민석의 미래에도 희망의 싹이 트일 것 같았다. '우리 아이도 가능하겠구나' 하는 마음이었다.

"캠프에 함께한 부모님들 말씀을 들어보니 민석이는 다른 은둔 청년들과 비교하면 나은 편이더라고요. 돈벌이는 하지 않지만, 그 밖의 활동은 어느 정도 하고 지내니까요. 조금 평범하지 않을 뿐, 심각한 문제는 아니라고 생각합니다."

그가 들은 다른 청년들의 이야기는 무거웠다. 스스로를 방에 가두고 사는 이들이 많았다. 민석의 방문은 늘 열려 있다. 김 씨가 이름을 부르며 문을 불쑥 열고 들어가도 괜찮았다. 일을 부탁하면 하던 게임을 멈추고 조용히 도와주었다. 김 씨에게는 그 사소한 몸짓 하나하나가 세상으로 한 걸음 나오는 움직임처럼 보였다. 말없이 내미는 아들의 손끝에서는 '걱정하지 마, 곧 괜찮아질 거야'라는 다독임이 전해졌다.

여러 프로그램을 거치며 김 씨 자신도 변했다. 가장 큰 변화는 민석을 더 자세히 살피게 되었다는 점이다. 아이가 보내는 신호를 놓치지 않기 위해서였다. "이야기할 때는 눈을 보고 하자"고 청했고, 민석이 말을 걸어오면 하던 일을 멈추고 시선을 맞추었다. 말의 내용 못지않게 어떤 태도로 전하느냐가 중요하다는 것을 몸으로 배웠다. 때로는 한마디보다 눈빛 하나가 더 멀리, 더 깊이 닿는다는 것도.

나를 돌보는 시간

행복공장에서는 '나를 돌보는 일'에도 눈이 뜨였다. 낙천적인 성격이고 신앙생활을 열심히 해서였는지, 자신의 삶이 그렇게 고단한 줄 몰랐다.

"동병상련이 뭔지 알겠더라고요. 비슷한 처지의 분들과 만나니 속 이야기를 다 털어놓을 수 있어 좋았어요. 나이 불문하고 가까워졌고, 대여섯 분과는 지금도 자주 통화해요. 프로그램도 함께 다닙니다. 여기 있는 동안 숨통이 트여요. '집 나오면 고생, 집에 돌아가면 개고생'이라고들 하잖아요. 집을 잊고 지내니 너무 좋더라고요."

그곳에 머무는 동안 김 씨는 처음으로 온전히 자신을 위한 시간을 가졌다. 집에 있으면 무심코 텔레비전을 켜거나 휴대전화를 들여다보곤 했다. 그러나 이곳에서는 자기 마음과 마주하는 시간에 충실했다. 두 가지 질문이 떠올랐다. 첫째, 하나님은 어떤 목적으로 나를 여기까지 이끄셨을까. 둘째, 내가 어떻게 하면 민석을 도울 수 있을까. 그 질문을 품은 채 행복공장 주변 숲길을 걸었다. 나뭇잎 사이로 스며드는 햇살이 손등을 스칠 때마다 마음이 조금씩 가벼워지고 밝아졌다.

행복공장은 기도원처럼 느껴지기도 했다. 기도하는 시간을 넉넉히 가질 수 있었다. 아직 응답을 받지는 못했지만, 그는 깨달았다. 때로는 답이 아니라 질문을 놓지 않는 힘이 사람을 버티게 한다는 것을.

김 씨는 특히 연극치유 프로그램이 좋았다고 했다. 처음에는 '등 떠밀려' 참여했지만 두 번째는 재미가 붙었고, 세 번째는 기분 좋게 몰입했다. 무대 위에서, 남편에게 차마 하지 못했던 말을 쏟아내기도 했다. 남편은 주식 투자로 계속 손해를 봤다. '주식도 도박이야'라고 말하고 싶었지만, 입이 떨어지지 않았다. 대신 역할극에서 남편 역을 맡은 사람을 향해 소리쳤다. 그 순간 가슴이 뻥 뚫렸다. 그렇게 후련할 수가 없었다. 다른 이의 삶을 다룬 연극을 함께 보고 울고 웃는 경험 또한 특별한 치유였다.

마음속에 오래 담아 둔 질문들도 떠올랐다. 민석에게 묻고 싶었던 것들이다. 민석은 지금껏 자신의 '상태'에 대해 한 번도 말한 적이 없다. 김 씨 역시 낙인을 찍을까 두려워 '은둔'이라는 말을 입 밖에 낸 적이 없다. 그런데 행복공장에서 만난, 은둔에서 한 걸음 벗어난 청년이 조심스럽게 말했다. "어머니, 한 번쯤 물어보셔도 괜찮아요." 그 말이 오래 남았다.

집으로 돌아오는 길, 그는 결심했다. 오늘은 꼭 묻자. '너는 지금 은둔하는 거니?' 하지만 민석의 얼굴을 보는 순간, 그 질문은 목구멍 끝에서 멈췄다. 용기가 나지 않았다. 대신 2024년 푸른고래리커버리센터의 제주 올레길 걷기 행사에 참여하기 전, 민석에게 넌지시 말했다. "엄마, 푸른고래리커버리 갔다 올게." 아들이 행사 이름을 검색하다가 '은둔 청년 부모 캠프'라는 사실을 스스로 알아주길 바랐다. 민석은 아무 말도 하지 않았다. 김 씨는 그 침묵마저 희망의 신호로 받아들이기로 했다. 침묵은 외면이 아니라, 언젠가 말을 준비하는 시간일 테니.

김 씨에게는 여전히 묻고 싶은 질문이 남아 있다. '코로나 때 집에 있으면서 구직 활동은 했니?', '또래처럼 직장을 찾지 않는 건 이유가 있니?', '너는 무엇을 하고 싶니?' 하지만 그런 질문조차 부담이 될까 망설인다. 지금 가장 힘든 이는 민석 자신일 테니, 그는 오늘도 조심스럽게 기다린다. 그 말을 편히 건넬 수 있는 순간을. 김 씨는 이제 안다. 기다림도 사랑의 한 방식임을. 그래서 이 기다림이 길어져도 괜찮다고 믿는다.

은둔 청년 '부모'로 교육을 받으며, 김 씨는 민석의 지난 삶을 차분히 되돌아보았다. 민석의 태몽은 남달랐다. 남편의 꿈에 아주 큰 딸기가 등장했다. 과일 꿈은 딸을 뜻한다지만, 이웃 할머니는 "그렇게 크면 아들이지"라며 배 모양까지 들며 틀림없다고 했다. 실제로 아들이었다.

민석은 별 탈 없이 자랐다. 김 씨의 휴대전화 속 민석의 저장 이름은 '범생이'. 누구와 싸우는 법이 거의 없을 만큼 성정이 고운 아이였다. 부부는 비교적 자유롭게 키웠다. 초등학교 때 학원을 싫다 하기에 마음껏 놀게 했고, 대신 자신이 못 해본 것들을 경험하게 하고 싶었다. 피아노를 배우게 하고, 바둑도 가르쳤다. 학원만 싫어했을 뿐 일상은 여느 아이와 다르지 않았다. 농구를 좋아해 친구들과 곧잘 어울렸고, 친구도 많았다. 따돌림과는 거리가 멀었다.

물론 학원에 다니는 친구들과 견주면 성적은 좋지 않았다. 집에 가져오는 시험지에는 빨간 사선이 가득했다. "민석아, 왜 시험지에 비가 이렇게 많이 오니?"라고 물으면, 아이는 태연히 웃었다. "엄마, 빵점도 있어." 그래, 공부를 조금 못한다고 인생이 무너지는 건 아니지, 그렇게 생각했다.

중학교에 들어가서는 학원에 보냈다. 초등 때 실컷 놀았으니 뒤처진 공부를 따라잡길 바랐다. 중간고사를 한 달 앞둔 어느 날, 민석이 말했다. "학원, 안 가면 안 될까?" 이유를 묻자 울면서 너무 힘들다 했다. 토요일까지 나오라 하는데 피곤하다고. 학원비를 낸 기간만이라도 다니자고 설득했지만 막무가내였다. 민석은 남편이 '고래 힘줄'이라 부를 만큼 고집이 셌다. 너무 힘들다는데 어쩔 수 없었다. 그만 다니라고 했다. 솔직하게 말해 준 것이 고맙기도 했다.

김 씨 눈에 민석은 더없이 착했다. 남에게 피해를 주는 일은 없었고, 자제력도 참을성도 강했다. 무엇보다 엄마에게는 속내를 잘 털어놓았다. 그래서 큰 문제는 없다고 여겼다.

아이를 키우느라 바빠 시대 대가족과 함께 사는 일이 힘든 줄도 몰랐다. 시동생 둘, 시누이까지 일곱 식구가 한집에 살았다. 친정에서도 오빠 부부와 함께 지냈기에 대가족이 낯설지 않았다. 시어머니는 강한 분이었다. 고집도 셌다. 자식이든 며느리든 '노는 꼴'을 못 보는 성격이라, 민석이 대학에 들어가고 김 씨가 일을 시작한 뒤에도 퇴근 후 누워 쉬는 것조차 눈치가 보였다. 그나마 동갑내기 남편이 "사람은 안 바뀌어. 저 분이 당신보다 더 오래 살았잖아"라며 다독였고, 시누이도 큰 힘이 되어 주었다.

왁자지껄한 집안에서 민석은 공부와 다소 거리가 있었을 뿐 무난히 자랐다. 입시학원에 다니지 않았지만 지방 캠퍼스이긴 해도 명문대에 합격했다. 군 복무 문제도 스스로 해결했다. 의무경찰에 가겠다며 세 번째 도전 끝에 합격했고, 입대 전에는 카페 아르바이트도 곧잘 했다. 박근혜 전 대통령 탄핵 시위 때 마음을 졸였지만, 무사히 제대했다. 스물여덟. 이제 취직만 하면 됐다.

제대 후에는 공무원 시험을 준비했다. 그러나 코로나-19가 시작되며 세상이 어수선해졌다. 김 씨는 그때 민석의 인생이 어긋나기 시작했다고 본다. 기업들이 채용을 줄이자 민석이 세상에 나갈 길이 급격히 좁아졌다. 김 씨가 할 수 있는 건 교회에서 기도하는 일뿐이었다. 어느 순간 민석은 교회에도 발길을 끊었다. 세상과의 연결도 희미해졌다. 제대 직후 "좀 놀게요"라며 대형 모니터를 샀을 때만 해도, 그 안의 세계가 민석의 '주 생활공간'이 될 줄은 몰랐다.

시간이 갈수록 방에서 나오는 일은 드물어졌다. 그래도 큰 문제라 생각하진 않았다. 게임도 하지만 방 안에서 취업 준비를 하고 있으리라 믿었다. 그렇게 4년이 넘게 흘렀다. 그 긴 시간 동안 민석의 방문은 대체로 닫혀있었다. 애써 외면했지만, 김 씨의 마음은 매일 그 문 앞을 서성였다. 그러던 2023년, 민석이 방에서 자주 나올 일이 생겼다. 출근길에 발을 헛디디며 김 씨의 복숭아뼈가 부러진 것이다.

김 씨는 민석이가 대학에 입학해 기숙사 생활을 시작하자 일을 나갔다. 시어머니의 눈길이 부담스러웠다. 자식이든 며느리든 그냥 있는 걸 못 보는 분이었다. 자식 뒷바라지가 끝난 며느리가 집에 있으면 빈둥거린다고 여기는 듯했다.

그즈음 집 근처 의류점에서 판매 일을 시작했다. 손님에게 옷을 권하는 일은 제법 재미있었다. 여섯 달쯤 지나 지하철역 청소 일을 맡았다.

처음엔 용역회사 소속이었지만 곧 지하철공사 자회사 직원이 되었다. 월급이 오르고 복지혜택도 커졌다. 다만 역에서 아는 사람을 마주칠까 걱정됐다. 그는 그 고민을 민석에게 털어놓았다.

"엄마, 철학 수업 시간에 어떤 실험을 했는데, 사람들은 방금 얘기하고 헤어진 사람조차 금세 잊는대. 엄마만 신경 쓰지, 지나가는 사람은 아무도 신경 안 써. 아는 사람도 마찬가지야. 그래도 신경 쓰이면 그 일 안 해도 돼."

그 말을 듣고 힘을 얻었지만, 발목을 다치자 출근은커녕 집안일도 어려웠다. 그때 민석이 방에서 나왔다. 살림을 거들고 병수발을 들었다. 모자는 더 가까워졌고 대화는 많아졌다.

"처음엔 안 해본 일을 하니 화가 났나 봐요. 본인한테 '이런 것도 제대로 못 하냐'고 성질을 내는 듯했어요."

그날들 이후 민석은 자주 말을 걸었다. 어떤 옷은 어떤 세탁 코스로 돌려야 하는지, 찌개는 어떤 순서로 끓이는지. "오늘 빨래해야 하는데"라고 말하면 어느새 깨끗한 옷이 건조대에 걸렸다. 마른 옷을 가지런히 개는 솜씨도 놀라웠다. "일을 너무 잘한다"고 칭찬하면 그는 무심히 말했다. "군대 갔다 왔잖아."

발목 부상을 계기로 민석의 활동 반경은 방에서 거실과 부엌으로 넓어졌다. 밥을 먹으면 설거지는 반드시 직접 했다. 간식을 먹어도 설거지하고 쓰레기를 치웠다. 심지어 함께 요리도 했다. 스파게티를 만들며 이런저런 이야기를 나누고, 레시피를 찾아 다음 메뉴를 상의했다. 여느 집보다 다정한 모자였다.

민석은 생일이면 가족과 외식도 했다. 지난 9월 생일에는 명륜진사갈비에 가자 했고, 2024년엔 불광동 먹자골목의 일식집에 갔다. 여전히 사람 많은 곳은 꺼리지만, 가족과 함께라면 해낼 수 있는 일들이 조금씩 늘어났다.

이런 아들이 문제가 있다고? 김 씨는 쉽게 수긍되지 않았다. 그러나 또래와 다른 점이 있는 것도 사실이었다. 그렇게 생각을 굴리다 민석의 어린 시절이 떠올랐다.

큰아들 영석(가명)이 다섯 살 때였다. 방사선사였던 남편이 당직 중이었고, 영석이 갑자기 경기를 일으켰다. 병원에서 뇌파 검사를 하니 '간질파'가 보인다고 했다. 눈앞이 캄캄했다. 새벽마다 경기가 찾아왔다. 의사는 "나이가 들면 완화될 수 있지만, 평생 돌봄이 필요할 수도 있다"고 했다. 대형병원에서는 수술을 권했지만 위험 부담이 커서 하지 않았다.

그때부터 부부는 온 힘을 영석에게 쏟았다. 김 씨는 늘 아이 곁을 지켰다. 초등학교에 입학하자 거의 매일 함께 등교했다. 잘하는 것을 찾고자 도자기를 가르쳤고, 영석은 지금 도예공방에서 일한다.

늦게 온 미안함, 늦지 않은 소망

그제야 민석이 느꼈을 소외감이 짐작됐다. "형이 스트레스받으면 아프니까 네가 양보하라"는 말을 자주 했다. 어린 민석도 많이 힘들었을 것이다. 언젠가 민석이 말했다. "엄마는 형은 몇 반 몇 번인지도 다 아는데, 나는 학교에 와 달라 해도 내가 몇 반인지도 모르더라." 둘째에게도 신경 쓴다 했지만 충분하지 못했다. 김 씨는 이 대목에서 눈시울을 붉혔다. 미안하다는 말을 하고 싶었지만, 타이밍을 잡기 어려웠다.

지금도 그때를 떠올리면 민석에게 죄책감이 든다. 영석이 자립해 제 길을 잘 찾아가니 더 그렇다. 늦었다고 생각하지만, 그래서 더 민석에게 정성을 쏟는다.

희망은 작은 변화에서 움튼다. 대화 시간이 부쩍 늘었다. 텔레비전을 함께 보며 야구 이야기, 드라마 이야기, 뉴스 속 흉악범 얘기까지 주제가 된다. 대학 시절에도 그랬듯, 지금도 가끔 동창이나 기숙사 룸메이트였던 선배를 만난 뒤에는 있었던 일을 시시콜콜 들려준다. 사람 많은 곳은 여전히 불편하지만, 친구나 선배를 만나러 갈 때면 그는 주저 없이 대중교통을 이용해 노량진이나 신촌으로 나간다.

은둔 청년이 있는 다른 가정 이야기를 들으면 밥도 각자의 방에서 따로 먹는다지만, 민석이는 그렇지 않다. 장을 보러 시장에 함께 가고, 가족 중 누가 아프면 병원에도 동행한다. 그래서 김 씨는 아직도 민석이가 은둔인지 아닌지 판단이 서지 않는다. 다만 '경증 은둔'일 수는 있겠다 생각할 뿐이다.

김 씨의 소망은 단순하다. 민석이가 일자리를 얻어 자립하는 것. 직장이 무엇이든 상관없다. 무엇보다 남들처럼 평범한 일상을 누리며 살았으면 한다. 그는 스스로에게도 주문을 건다. '지금 잘하고 있다. 앞으로 모든 일이 더 잘될 것이다.'

김 씨는 지금도 행복공장에서 민석에게 썼던 편지를 기억한다. "네가 태어났을 때, 할아버지, 할머니, 아빠, 엄마, 형… 온 가족이 얼마나 기뻤는지 모른단다." 그 따뜻한 기억이 민석의 마음 가장 깊은 곳에 닿아, 세상으로 한 걸음 더 내딛게 하는 힘과 용기가 되기를 바란다.

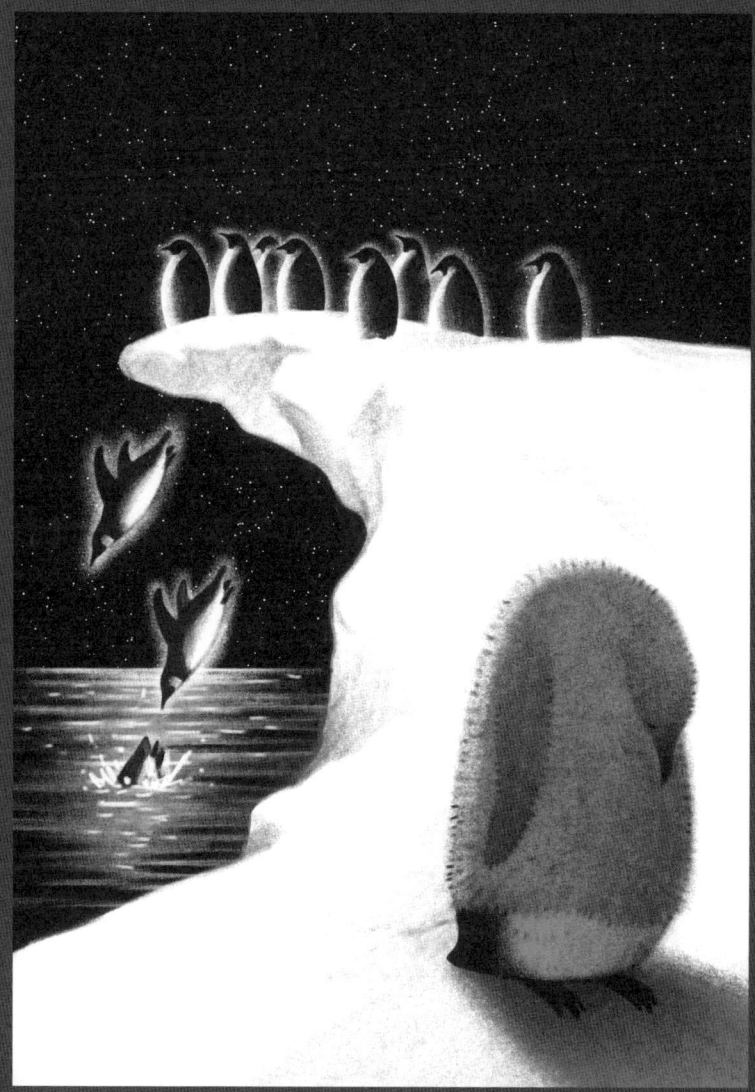

> 은둔이 은둔에게
> 승규*의 이야기

가족의 모순 속에 자란 아이

우리나라에서 은둔 청년을 가장 잘 설명할 수 있는 사람을 꼽으라면, 많은 이들이 승규를 말한다. 그 역시 한때 극단적 은둔을 겪었고, 그 시간을 통과해 다시 세상으로 걸어 나온 사람이다. 일본의 히키코모리 지원 체계를 국내에서 몸으로 겪어 본 드문 세대이자, 지금은 은둔 청년을 발굴하고 함께 살아보는 셰어하우스를 운영하는 '안무서운회사'의 대표이기도 하다. K2가 자금난으로 한국 활동을 접었을 때, 남겨진 청년들과 자신을 위해 동료들과 용기를 내어 세운 예비 사회적기업이다. 이름

---

* 학창 시절부터 은둔과 재고립을 반복하며 총 5년간의 깊은 은둔의 시간을 보냈다. 현재는 '안무서운회사'를 설립해, 은둔 청년과 함께 살아가는 길을 개척해나가고 있다.

그대로, 두려움에 망설이는 이들의 곁에서 '무서움'을 덜어내 보겠다는 의지를 담아 시작했다.

은둔 이전의 승규는 누구보다 활동적이었다. 친구들과 두루 어울렸고, 대학에선 동아리와 과 활동의 리더였다. 공적인 자리에서 그는 언제나 에너지가 넘쳤다. 하지만 집 문을 닫는 순간, 그 에너지는 한꺼번에 꺼졌다. 바깥의 활기와 집 안의 무기력 사이 간극은 점점 벌어졌다. 겉모습이 만들어 낸 '괜찮음'이 실제의 자신과 멀어질수록 '어딘가 크게 잘못되고 있다'는 불안은 더 선명해졌다. 나중에야 알았다. 억지로 끌어올린 활기가, 스스로를 수렁으로 밀어 넣는 흉기가 되어가고 있었다는 것을.

사람들은 은둔을 '문밖을 나가지 않는 삶'으로 쉽게 요약하지만, 은둔의 양상은 사람마다 다르다. 누군가는 간신히 편의점까지 다녀오고, 누군가는 아르바이트로 최소한의 생활을 이어 간다. 승규의 은둔은 더 극단적이었다. 심해졌을 때는 화장실조차 나가지 못했고, 쓰레기를 제때 버리지 못해 방은 금세 폐허처럼 변했다.

"조금만 고개를 돌려도 내가 얼마나 쓰레기인가를 확인시켜 주는 것들이 보였어요. 눈을 뜨면 경마장의 말처럼 모니터만 바라봤죠. 친한 친구들이 찾아오면 숨죽이며 없는 척했고요." 자책은 습관이 되었고, 고립은 더 깊어졌다.

승규는 장손이었다. 엄격한 유교적 가풍 속에서 자란 집안에서 장손은 태어날 때부터 책임과 의무를 짊어진 존재였다. 사시사철 이어지는 제사와 집안 행사는 예외 없이 그의 몫이었고, 아버지는 늘 그를 데리고 다녔다. 친구들과 선약이 있거나 정말 가고 싶지 않은 날에도 그의 의견은 가볍게 무시되었다.

딱 한 번 가지 않게 된 날이 있었다. 학교 마치고 친구들과 놀기로 했는데 아버지가 그의 약속을 코웃음 치며 무시했다. 분한 마음에 세게 닫은 유리문이 깨지며 팔 곳곳에 유리가 박혔고 피가 철철 흘렀다. 응급실에서 꿰매느라 아버지를 따라가지 못했는데, 승규는 그날이 "처음으로 하고 싶지 않은 것을 하지 않은 날"이라며 신났었다고 기억한다.

아버지는 늦깎이 유학 끝에 의사가 된 자수성가형 인물이었다. 가난한 집안을 어깨에 짊어지고 올라온 서사는 장구했지만, 그 서사가 만든 기준은 가혹했다. 장손인 승규는 '좋은 학교', '번듯한 성취'를 이뤄야 했다. 그의 꿈과 성향, 능력은 고려 대상이 아니었다. 아버지의 기준에 맞지 않는 것은 곧 틀림, 나약함이었다.

그를 더욱 고통스럽게 한 것은 자기 억압보다, 어머니가 받는 부당한 억압을 하릴없이 지켜봐야 했던 일이었다. 집안의 온갖 행사와 뒤치다꺼리는 오롯이 맏며느리인 어머니의 몫이었다. 끝없는 가사노동은 사실상 학대에 가까웠다. (한때는 증조부모까지 한집에 살기도 했다) 어린 승규는 가부장적 질서 속에서 사람이 노동에 짓눌리면 어떻게 피폐해지는지, 극도로 지친 이가 어떤 모습으로 무기력과 분노 사이를 오가게 되는지를 곁에서 보며 자랐다.

어느 날 제사를 준비하던 어머니가 베란다에서 뛰어내리려 했다. 그 장면은 중학생이던 그에게 악몽 같은 트라우마로 남았다. 그날 이후 승규는 매일 학교에서 돌아올 때마다, 닫힌 방문 뒤에 있을지도 모를 어머니의 죽음을 두려워했다. 자신에게 자상한 조부모와 그 조부모의 조상을 모시느라 지쳐가는 어머니 사이에서 무엇이 옳고-그른지 판단할 수 없었다. 살얼음판 같은 집 안의 균열만큼 소년의 마음에도 금이 갔다.

"아버지도 당신 부모에게 그렇게 사랑받은 것 같지는 않았어요. 그런데도 조상과 집안에 대한 집착은 병적일 정도였죠." 승규가 어머니를 대신해 항의해 보기도 했지만 돌아온 대답은 늘 같았다. "네 엄마가 나약해서 그렇다. 조상을 정성껏 모시는 건 당연한 일이다." 그 논리를 유지하기 위해 누군가의 삶이 소모되고 있다는 사실은 늘 무시되었다.

아버지가 어머니의 의지가 되어 주지 못하자, 어머니는 점점 승규에게 기대었다. 승규는 장손이자 아들로서 조부모와 어머니 사이를 잘 조율해야 한다는 강박적 책임감에 사로잡혔다. 집에 들어서는 순간부터 그는 가족 각자의 눈치를 살폈다. 대상에 따라 내가 어떤 모습이어야 하는지를 매 순간 판단해 연기하는 일은 참으로 고단했다.

투명인간으로 숨어 살며

학교에서 승규는 그야말로 '핵인싸'였지만, 집에만 오면 소라게처럼 방으로 숨어들었다. 가족이 주는 압박으로부터 숨을 곳이 필요했다.

온라인 게임에서 그는 길드마스터가 되어 길드를 만들고 운영했다. 규칙을 세우고, 새로 들어온 사람을 챙기고, 다툼을 중재했다. 현실에서 얻기 어려웠던 안정된 소속감과 신뢰가 화면 속에 있었다. 그곳에서 그는 자신이 꿈꾸던 가족의 모습을 보았다. 밤마다 정성과 열정을 그 세계에 쏟아부었다.

스무 살이 되면서 길드원들은 하나둘씩 대학으로, 군대로 현실로 흩어졌다. 위안이자 의지였던 세계는 물거품처럼 사라졌다. 남은 것은 허무와 자괴감뿐. '뭔가 크게 잘못 살아왔다'라는 자각이 덮쳐왔지만, 어디로 돌아가 무엇을 해야 할지 알 수 없었다. 그는 깊은 슬럼프에 빠져 방에 틀어박혔다. 첫 은둔이었다.

당연하게도 그의 절망과 은둔은 가족에게 이해받지 못했다. 집안의 공기는 더 팽팽해졌다. 아버지는 방문을 부수고 컴퓨터를 망가뜨렸다. 칼날 같은 말들이 문틈으로 스며들었다. 폭력과 폭언은 1년 넘게 이어졌고, 그는 침묵으로 버텼다. 저런 사람에게는 절대로 굽히고 싶지 않았다.

그는 방문을 잠그고 세상에 없는 사람처럼 고요히 지냈다. 밤이 깊고 모두가 잠든 뒤에야 몰래 편의점에 다녀왔다. 도시락 포장은 미리 벗겨 소리가 나지 않게 했고, 뜨거운 물을 받아 조심스레 들고 들어왔다. 투명인간처럼 살기 위한 생활의 기술이 몸에 붙었다.

거울 속의 자신이 점점 낯설어졌다. 엉망이 된 피부, 불어나는 몸무게, 흐트러진 모습이 눈에 들어올 때마다 스스로가 끔찍했다. 한때 배우를 꿈꾸던 건강했던 시절의 자신을 떠올리면 더 괴로웠다. 그런 와중에도 아버지는 그의 문 앞에서 혼잣말인 척 비난을 쏟아냈다. "어쩌다 저런 새끼가 태어났을까." 그렇게 시간은 느리게 흘러갔다.

다시 찾은 꿈, 내면의 균열

군대는 역설적으로 그의 숨통을 틔워주었다. 집을 벗어나자 정서적 학대의 그림자가 옅어졌다. 그는 사람들 앞에 섰고, 뮤지컬 대회에서 우승까지 거머쥐며 까맣게 잊고 있던 연극에 대한 열망과 감각을 다시 깨웠다. 전역을 준비하며 오래 묻어 둔 재능과 꿈을 꺼내 보았고, 다시 할 수 있다는 자신감으로 군 생활 중 입시를 준비해 전역 후 예술대학에 입학했다.

남들보다 늦게 들어간 대학이었지만, 그는 동기들과 잘 어울렸다. 여러 프로젝트를 이끌며 연출과 촬영을 책임졌고, 감독으로서의 재능도 인정받았다. 그러나 내면의 균열은 조금씩 그의 삶 곳곳에 금을 냈.

"사람들이 칭찬해도 자존감이 생기지 않았어요. 오히려 모두를 속이며 가면을 쓰고 사는 듯한 자괴감이 컸죠. 저건 '진짜 나'가 아니라 '보여주기 위한 나'라고."

어느 날, 친한 친구가 무심히 말했다. "근데 넌 네 얘기를 잘 안 하는 것 같아." 별것 아닌 말이었지만 그는 과도하게 반응했다. "내가 이렇게 소통을 많이 하는데 무슨 소리야?" 상황에 맞지 않는 버럭이 터졌다. 숨겨 둔 역린이 건드려진 느낌이었다. 반박해 놓고야 그는 처음으로 자신이 좀 이상하다는 자각을 했다. 본모습을 감추고 응당 보여져야 하는 모습을 만드는 데 거의 모든 에너지를 쓰고 있음을 보았다.

장손으로 자라며 내면화한 강박(리더여야 한다. 약한 모습을 보이면 안 된다. 정신과는 나약한 사람들이 찾는 곳이다)이 보이지 않는 울타리처럼 그를 둘러싸고 있었다. 그의 내면엔 그도 모르게 자라난 그림자가 많았다. 더는 '남들이 보는 훌륭한 승규'를 만들어낼 힘이 없었다. 두 번째 은둔이 시작됐다.

그는 주변엔 급한 일로 지방에 내려갔다고 둘러댔고, 친구들에겐 백내장 수술을 받아 한동안 못 만난다고 말했다. 핑계는 점점 정교해졌고, 만남은 점점 줄었다. 누구에게도 비참한 모습을 들키고 싶지 않았다. 혹시라도 밖에서 아는 얼굴을 마주칠까 봐 문턱조차 넘지 않았다. 배달음식으로 끼니를 때웠고, 빨래는 쌓였으며, 쓰레기는 버려지지 못했다. 집은 생각보다 빠르게 무너져 내렸다.

쓰레기장 밖에서 기다리는 친구들

배달음식의 잔해는 쌓이다 못해 냄새를 풍기며 썩어갔다. 당연히 구석마다 벌레가 우글거렸다. 빨지 않은 옷들은 악취를 품은 채 삭아갔다.

발 디딜 틈 없는 쓰레기장 같은 방에서 그는 최소한의 공간에 몸을 웅크리고 잠들었다. 눈을 뜰 때마다 스스로가 벌레가 된 것 같았다. 존재를 지워 버리고 싶은 마음이 밀려왔다.

그 와중에도 연락을 끊지 않는 친구들이 있었다. 포기하지 않고 계속 그를 찾았다. 피하기에도 지친 그는 자포자기한 심정으로 문을 열었다. 나, 이런 한심한 인간이라고. 이런 쓰레기장에서 사는 쓰레기라고. 너희 앞에서 멀쩡한 척, 능력 있는 척했지만, 사실은 이런 놈이니 이제 그만 찾아오고 꺼지라고.

예상과 달리 친구들은 도망가지 않았다. 누군가는 미안하다는 편지를 건넸고, 누군가는 썩어가는 양말을 보고 새 양말을 선물했다. "언제든 신고 나와." 말로 던지는 위로나 이해가 아니라, '관계의 지속'으로 표현된 신뢰와 지지가 그의 마음에 작은 파문을 남겼다.

그날부터 그는 자신에게 조금 더 관대한 시선을 건네려 애썼다. 이후에도 1년 넘게 은둔은 이어졌지만, 이전과는 달랐다. 절망의 갈피 사이사이에서 살아갈 방법을 찾기 시작했다. 전화상담을 해주는 곳들을 찾아, 처음으로 외부와의 소통도 열었다.

우울의 바닥을 버티던 어느 밤, 그는 히키코모리를 다룬 일본 영화를 보았다. 나보다 더 인생이 망한 사람들의 이야기를 찾아보던 중이었다. '어, 저거 나인가? 나 같은 사람이 많이 있나?' 처음으로 그런 생각을 했다. 검색을 통해 일본에서는 히키코모리가 오래된 사회문제이며, 그들을 위한 지원 체계가 존재한다는 사실도 알게 됐다. 병명을 확인하자 나를 설명할 언어가 생겼고, 나아갈 방향이 보였다. 그리고 한국에도 히키코모리를 지원하는 단체가 있다는 것을 발견했다. K2 인터내셔널. 그는 실낱같은 희망을 붙잡았다.

일상을 찾아가는 연습

그가 찾아간 K2 인터내셔널은 일본 히키코모리 지원단체의 한국지부격이었다. 상담과 셰어하우스를 통해 가족과의 분리와 일상회복을 돕는 프로그램을 운영했다.

셰어하우스 입주를 결심한 날, 승규는 쓰레기장 같던 방을 치웠다. 고통스러운 시간을 잊지 말되 다시는 돌아가지 않겠다고 다짐하며 대청소를 했다. 쓰레기봉투를 묶어 내놓고, 썩어가는 물건들을 정리했다. 끝도 없이 쓰레기가 나왔지만, 최선을 다해 바닥과 벽을 닦았다. 덕지덕지 들러붙은 은둔의 기억까지 함께 훑어냈다. 나중에 집주인 아주머니는 "그렇게 깨끗이 쓰고 나간 세입자는 처음"이라며 감탄했다. 승규는 혹여 그분이 유튜브 어딘가에서 자신이 쓰레기처럼 살던 시절을 담은 영상을 보지 않으셨으면 좋겠다며 웃었다.

셰어하우스에서 그는 무너진 일상을 다시 세웠다. 정해진 시간에 일어나고, 함께 밥을 차려 먹고, 누군가는 장을 보고, 누군가는 설거지를 하고, 누군가는 쓰레기를 버리는, 당연하지만 그에게는 당연하지 않았던 일들을 하나씩 배워 갔다. 무엇보다 믿고 기다려주는 스태프들의 응원이 큰 힘이 됐다. "실패해도 괜찮아요. 오늘이 힘들면 내일 다시 해봐요." 그 말이 그를 조금씩 일으켜 세웠다.

승규는 학교를 그만두고 그곳에서 함께 일하기로 했다. 자신을 살게 해준 공간이 고마웠고, 자신도 누군가의 의지가 되고 싶었다. 아이디어가 많고 추진력이 좋았던 그는 K2에서의 3년을 물 만난 고기처럼, 쉼 없이 성실하게 달려갔다.

은둔도 스펙이다

그가 만든 말 가운데 널리 알려진 것이 '은둔 고수'다. 은둔이 인생의 낙오라는 낙인을 찍는 대신, 어떤 시간도 헛되지 않다고, 자신을 바닥까지 들여다본 사람은 그 경험으로 더 큰 도약을 할 수 있다고 말하고 싶었다. "은둔도 스펙이다"라는 문장도 같은 자리에서 나왔다. 사회가 요구하는 스펙을 갖추지 못했다는 이유로 '나는 아무것도 아니다'라는 고정관념에 사로잡힌 청년들에게 그는 다른 해석을 건넸다. 절망을 견디고 버틴 기억은 흔치 않은 능력이며, 그것으로 타인의 절망을 이해하고 붙드는 힘이 된다면 그 또한 사회가 꼭 필요로 하는 역량이라고. 이제 그 시간을 딛고 일어나 걸어가면 된다고.

승규는 열정적으로 뛰었다. 도움이 필요하다는 연락이 오면 어디든 달려갔다. 한 달이 걸리든, 1년이 걸리든 포기하지 않고 문을 두드렸다. 처음엔 온몸으로 거부하던 이들도 실은 작은 연결을 간절히 바란다는 걸, 그는 자기 경험으로 알고 있었다. "당신의 절망을 알아요. 나도 그 시간을 버텼어요." 먼저 고백하면 그제야 말문이 트이는 경우가 많았다.

그즈음 K2의 한국 활동 종료 소식이 불시에 전해졌다. 함께 지내던 셰어하우스 메이트, 믿음을 주던 스태프, 일상의 리듬이 한꺼번에 사라질 수 있다는 불안이 그를 나락으로 밀었다. 모든 걸 바쳤다가 물거품이 되었던 첫 은둔의 트라우마가 덮쳐와 며칠을 무기력 속에 떠다녔다.

그러나 주변의 목소리가 그를 붙들었다. 함께해 온 청년들, 협력 기관의 활동가들, 지역에서 도움을 청하던 가족들이 말했다. "당신이 이어가 주세요. 잘해 왔잖아요. 우리가 돕겠습니다." 두려움은 있었다. 또다시 하나에 과몰입해 무너질지도 모른다는 예감. 동시에 그는 알았다. 수백 번 닫힌 문 앞에서 보낸 시간, 은둔 청년과 부모 사이에 길을 터 온 3년은 누구도 대신할 수 없는 그의 자산이라는 것을. 그래서 그는 다시, 계속하기로 했다.

더 이상 무섭지 않은 세상을 위해

그는 결심했다. 셰어하우스 동료였던 한 친구와 함께 새로운 회사를 세왔다. 이름은 '안무서운회사'. 그가 직접 지었다. 은둔 청년들의 문을 가로막는 가장 큰 장벽이 언제나 '무서움'이라는 걸 알기 때문이다. 문을 열고 나가면 마주치는 세상이 무섭고, 사람과 대화하는 게 무섭고, 내 모습이 들킬까 무섭다. 그 두려움의 벽을 조금이라도 낮추고 싶었다. '여기서는 무서워하지 않아도 된다'는 약속을 회사 이름에 담았다.

법률·회계 자문은 행복공장 설립자였던 권용석 변호사가 맡아 주었다. 은둔 청년 프로그램을 함께 고민하던 중, K2의 철수 소식에 낙담해 있던 승규에게 그는 "도와줄 테니 더 나아가보라"고 용기를 북돋웠다. 권 변호사는 단순한 조력자가 아니었다. 평생 갈망하던 '든든한 어른 남성상'을 보여준 사람. 집에서는 경험하지 못했던 따뜻한 격려와 지지를, 그는 권 변호사에게서 배웠다. 그가 세상을 떠난 뒤 승규는 유고집 『꽃 지기 전에』를 읽으며 밤새 울었다. 책장을 넘길 때마다 그의 목소리가 들리는 듯했다. 승규는 다짐했다. 믿어주신 것처럼, 절망하지 않고 끝까지 가겠다고.

'안무서운회사'는 작지만, 실전에서 우러난 언어와 전략을 갖춘 곳이었다. 승규와 동료들은 은둔 청년의 방 앞에서 서성이는 시간을 '투자'라고 불렀다. 수십 번의 방문이 헛수고로 끝나도 그 시간은 청년의 마음속에 빛처럼 쌓인다. 미안함이 켜켜이 쌓이다가, 문을 열어주는 순간이 온다는 걸 안다. 그는 그 과정을 웃으며 '죄책감 전략'이라 부르기도 했다. 단순해 보이지만 가장 어려운 일. 문 앞에서 시간을 견디는 사람만이 청년의 내적 변화를 목격할 수 있다. '아무도 날 기다려주지 않는다'라는 믿음에 미세한 균열이 생기는 바로 그때, 문은 열린다. 그 작은 균열을 만들기 위해 그는 스무 번의 허탕도 기꺼이 감수했다.

"실제로 열 번이고 스무 번이고 찾아가 문 앞에서 혼자 떠들고 와요. 듣고 있다는 걸 알거든요. 대놓고 부모를 욕해주기도 해요. '당신이 왜 힘든지 안다, 당신의 부모가 준 상처를 나는 정말 이해한다'라고요."

'안무서운회사'는 부모 상담에서도 중요한 역할을 했다. 부모들은 대개 조급했고, 그 조급함이 상황을 더 악화시켰다. 승규는 부모들에게 '기다림의 기술'을 가르쳤다. 아무리 애정이 담겨 있어도 지금처럼 행동하면 자녀는 달라질 수 없다는 것, 기다림과 믿음이 먼저라는 것을. 처음엔 항변하고 분노하던 부모들도 반복된 사례 속에서 서서히 깨달아갔다. 변화의 출발점은 자녀가 아니라, 자신이라는 사실을.

내일도 혼자가 아니라는 믿음

은둔 청년 회복 프로그램으로 청년들을 이끌고 행복공장에 가면, 자의 반 타의 반으로 그도 프로그램에 참여한다. 그 역시 아직 회복이 필요하다는 걸 안다. 워크홀릭처럼 일과 셰어하우스에 몰두하는 일이 또 다른 집착으로 번지지 않도록 스스로를 경계한다. 집착이 한순간 그를 낭떠러지로 밀 수 있다는 걸 알기 때문이다.

지금은 그를 믿어주고 의지하는 사람들이 있다. 마음이 바닥을 칠 때 한밤중에도 전화를 걸어 털어놓을 수 있는 친구가 있고, 그가 책임져야 할 동생 같은, 조카 같은 청년들이 같은 집에 있다. 그는 이제 무너지지 않을 수 있을 것 같다고 말한다.

회사 일도, 은둔·고립 청년을 위한 사회적 논의의 자리에서도 승규의 역할은 크고 무겁다. 차마 보여주기 힘든 은둔 시절의 모습까지 기꺼이 드러내며, 진심으로 지원 활동이 더 많아지길 바란다. 필요하다면 누구든 만나고, 어디든 멀다 하지 않고 달려간다. 방송이나 유튜브에서 '은둔'을 검색하면 그의 과거 인터뷰와 강연이 쉽게 떠오르는 것도 그 때문이다.

그와 동료 네 명이 매년 300건이 넘는 크고 작은 일정을 소화하는 일은 버겁다. 돈이 되는 일도 아니어서 회사는 해마다 아슬아슬하게 유지된다. 그래도 처음의 막막했던 순간을 떠올리면 오늘의 이 수고조차 감사하다.

오늘도 그의 셰어하우스에는 가시나무숲을 지나온 청년들이 상처를 치유하며 '나아가는 연습'을 하고, 동료들은 묵묵히 같은 목표를 향해 함께 걷고 있다. 그는 이제 자신이 '괜찮은 어른'이 되어가고 있음을 안다. 믿어주고 함께 걸어주는 사람들이 많기에 더 이상 외롭지도, 쉽게 흔들리지도 않을 것이라 믿는다. 승규는 내일 또 다른 청년에게 손을 내밀러 갈 것이다. 조금 오래 기다려도 괜찮다.

나의 정서적 외갓집
초롱*의 이야기

IMF와 가족의 고립

나는 은둔 청년임을 밝힐 때마다 "은둔한 사람 같지 않아요"라는 말을 듣곤 한다. 당연히 나쁜 뜻으로 하는 말이 아니란 것을 알기 때문에 웃어넘긴다. 조금 멋쩍으면서도, 한편으론 '그럼 은둔할 것 같은 사람은 어떤 모습일까?'라는 의문이 들기도 한다. 내가 제법 오랜 기간 깊게 은둔한 사람이기에 더욱 아이러니한 순간이기도 하다. 아마, '은둔형 외톨이'라는 단어 자체에 편견처럼 각인된 특정한 이미지 때문일 것이다.

하지만, 그런 오해와는 달리 누군가 은둔하게 되는 계기는 참 다양하

---

* 18살에 처음 고립된 뒤, 회복과 재고립을 거듭하며 총 8년간 은둔의 시간을 보냈다. 밖으로 나온 지 5년째, 지금은 은둔 청년의 목소리를 전하는 활동가이자 작가로 지내고 있다.

다. 사람이 백 명이면 그 사연도 백 가지라 해도 과언이 아니다. 가정의 형태, 받아온 상처, 개인의 성격… 그 모든 경우의 수를 더하면 이 세상에 똑같은 은둔은 없을지도 모른다. 다만 그 은둔이 '장기화'하는 이유만은 명확하다고 생각한다. 공백기가 일정 수준을 넘기면, 은둔을 그만두고 다시 사회에 속하고 싶어도 사회가 더는 그 사람을 끼워주지 않는다. 마치 죽으라고 절벽으로 등을 떠밀기라도 하듯이.

나도 그랬다. 정부의 지원도 사회적 인식도 없던 시절에 오래 은둔했던 이들은 특히 그 냉혹함을 절절히 실감할 것이다. 한때는 내게 남은 가능성이 딱 두 가지뿐이라고 생각될 정도였다. 스스로 삶을 끝내거나, 아니면 노숙자가 되거나. 그 외의 미래를 떠올릴 수조차 없을 만큼, 8여 년 동안 나는 정신적으로도 사회적으로도 한없이 내몰려져 있었다.

세상에 다시 나오고부터 내 이야기가 다양한 미디어에 노출되기 시작했다. 나와 동료들의 이야기를 반복해 발산하며, 나는 본의 아니게 그 시절을 끝없이 반추했다. 나는 왜 이렇게 되었을까. 우리 가족은 왜 그렇게 되어야만 했을까. 그러면서 이것이 더는 내 개인의 문제가 아니라 우리 가족 전체의 문제였다는 것을 깨달았다. 더 나아가, 지금도 그리고 앞으로도 많은 이들이 겪고 있거나 겪게 될 사회적 과제라는 사실 또한.

은둔은 오래도록 곪아온 것이 터져 나온 결과지, 어느 날 갑자기 생긴 문제가 아니다. 당장 은둔이라는 현상 자체에만 집중하면 당사자를 일단 문밖으로 나오게 하는 데에만 힘을 쓰게 된다. 그래선 무엇 하나 제대로 해결될 리가 없다. 앞서 실린 은둔 청년들의 사례가 그렇듯, 내 경우도 마찬가지다. 나의 은둔은, 겉보기에는 고교 시절의 우울증에서 시작됐다. 하지만 진짜 문제의 씨앗은 더 먼 옛날로 거슬러 올라가야 찾아낼 수 있다. 우리 가족 전체가 사회로부터 숨어들어 고립되었던 시기로 말이다.

그때 나는 대한민국을 출렁이게 한 IMF 외환위기니, 아버지의 사업 실패로 집안 경제가 파탄 났다느니, 그런 복잡한 어른들의 사정은 눈치챌 수 없을 만큼 어린 나이였다. 내가 기억하는 건 그저, 어느 날 온 가족이 아주 작은 단칸방으로 이사했다는 사실뿐. 해가 잘 들지 않는 그 방은 전깃불을 켜도 늘 어두침침했다.

그 안에서 아버지는 술에 취해 어머니를 때리고 들들 볶았다. 경제적 불안과 스트레스를 감당하지 못한 탓이었다. 참 못나고도 가엾은, 한 가장의 몰락이었다. 몸을 숨길 곳 없는 단칸방에서, 어린 나는 괜히 아버지와 눈이라도 마주치면 불똥이 튈까 두려워, 옆구리에 달라붙은 여동생의 시야를 그림책으로 가려주고 아무것도 들리지 않는 척을 하곤 했다.

채 마흔도 되기 전에 십 억대의 빚을 진 아버지는, 술에 취하지 않은 밤이면 잠든 우리를 바라보며 동반 자살을 고민하기도 했었다. 차마 실행에 옮기지 못한 것이 다행인지, 불행인지는 모르겠다. 어마어마한 삶의 무게를 감당하지 못하고 휘청거리며, 우리 가족은 점점 사회의 구석진 곳으로 숨어들었다. 빚쟁이를 피해 몇 번이고 이사를 다녔고, 온갖 동네의 작은 단칸방을 전전했다. 심지어는 동네 교회의 작은 예배당에 몇 달 신세를 진 적도 있었다. 돈 문제로 아버지가 한동안 타지에 떠나 있던 어느 한겨울, 요금 체납으로 수도며 전기가 모두 끊겨 버린 탓에 벌어진 사태였다. 한국에서도 춥기로 이름난 고장이어서 보일러를 틀지 않고는 버틸 수 없었다. 교인들이 매일 새벽기도를 드리는 곳에서, 어머니는 새벽같이 일어나 예배를 드리며, 나와 여동생이 잠투정할 때마다 옆구리를 꾸욱 찔러 조용히 시키곤 했다.

자상했던 목사님 부부는 우리에게 예배당 한 편을 내어준 것도 모자라, 늘 한 상 가득 밥을 차려주셨다. 하지만 얹혀사는 처지라는 걸 아는 마당에 무얼 주신들 배불리 먹을 수 있었을까. 내가 반찬을 깨작거리다 수저를 내려놓으면 사모님은 "초등학생이 벌써부터 눈칫밥을 먹는다"고 속상해하셨다. 우리 몫까지 빨래를 해주시는 것도 죄스러워 양말 한 켤레를 두 번, 세 번 연달아 신기도 했다.

하지만 나는 그 시절을 비참하거나 슬프기보다 따스하게 기억한다. 목사님과 사모님이 정말 좋은 분들이셔서, 나와 동생이 위축되지 않도록 많이 배려해 주셨기 때문이다. 게다가 교회에는 귀여운 강아지가 두 마리나 있어 매일같이 함께 뛰어놀 수도 있었다! 그렇게 뛰어다니다 보니 발이 빨라져 육상부에 뽑히기도 했다. 친구들과도 날마다 즐겁게 어울려 지냈고, 글짓기 대회에 나가 상도 곧잘 탔다. 아버지에겐 죄송한 말이지만, 밤마다 술에 취해 깽판을 치는 사람이 없으니 그때만큼은 스트레스도 덜했다.

다만 부모님의 심정은 비참했을 것이다. 가난 탓에 자식을 교회에 얹혀살게 하고, 그 사정을 온 동네가 아는 현실이 부모에게 어떤 의미였는지 지금 돌이켜 생각하면 아찔하다. 그래서일까, 기억 속 어머니는 그 시절 좀처럼 웃은 적이 없다. 늘 죄지은 사람처럼 미간을 살짝 찌푸린 채 눈을 내리깔고 있었다. 대체 어떤 심정으로 그런 하루하루를 버텨냈을까. 나로서는 차마 상상하기 어렵다.

아버지는 얼마 지나지 않아 돌아왔고, 우리 가족은 늘 그랬듯 또 다른 곳으로 이사했다. 목사님 부부와도 헤어지게 되었다. 그분들은 기나긴 떠돌이 생활 도중 정말 운 좋게 만났던 따스한 이들이었다. 이후의 세상은 우리 가족에게 오로지 삭막하고 냉혹할 따름이었다.

십수 년간 사회로부터 숨어들고 도망 다니며, 친척들과는 데면데면해졌고 이웃 간의 왕래도 끊겼다. 기껏 사귄 친구들과도 늘 이별해야 했다. 우리 가족에게 남아 있는 것이라곤 언제나 서로뿐이었다. 애틋한 의미가 아니라, 징글징글한 의미로써였다. 아버지는 여전히 본인을 다스리는 법을 모르고 폭력적인 언동을 일삼았다. 나를 비롯한 다른 가족들 또한 갈 곳 없는 스트레스가 극에 달해 예민해져 있었고, 서로에게 못 할 말을 퍼붓기도 했다. 이런 게 가족이라면 차라리 남보다도 못한 사이가 아닌가 싶을 정도였다. 어차피 이렇게 될 거라면, 앞으로 나는 결코 누군가를 사랑하고 싶지도, 아이를 낳거나 가족을 만들고 싶지도 않다고 생각하곤 했다.

초등학생을 지나 중학생, 고등학생…. 긴 시간에 걸쳐 그런 일들을 겪어내는 동안, 나의 마음 깊은 곳은 알게 모르게 서서히 병들어가고 있었다.

우울증

17세의 어느 날 아침. 눈을 뜬 나는 몹시 당혹스러웠다. 학교에 가야 한다고 생각하면서도 몸이 꼼짝도 하지 않았다. 등이 바닥에 깊은 뿌리를 내린 것처럼 무겁고 힘들었다. 결국, 몸이 아프다는 핑계로 학교에 가지 않았다. 온종일 누운 채 불안을 곱씹다가 잠이 들었던 것 같다.

그런 날들이 하루, 이틀씩 늘기 시작했다. 이상하게도 학교에 가는 것이 죽기보다 싫었다. 과장이 아니라, 이대로 학교를 몇 년이나 더 다녀야 한다고 생각할 때마다 아득했다. '차도에 뛰어들면 몇 달은 학교에 안 가도 될 텐데.' 그런 생각이 수시로 찾아들었다. 전형적인 우울증 증상 중 하나였다. 학교에서 무슨 문제가 있었다기보다, 지치고 무기력한 상태에서 매일 꼬박꼬박 뭔가를 수행해야 한다는 사실에 압도된 거였다. 하지만 그런 사실을 나 스스로도 알지 못했고, 설령 알았다 한들 부모님이 이해해 줄 리도 없었다.

빚더미에 올라앉고 나서, 믿었던 이들에게 여러 차례 배신당한 아버지는 트라우마에 가까운 신념을 굳혔다. '약한 모습을 보이면 이용당한다', '한 번 실패하면 끝이다. 아무도 날 도와주지 않는다' 같은 것들이었다. 그가 겪어온 세상이 그런 모양새였기 때문이다. 그리고 그는 가족들에게도 늘 그 신념을 강요하고 주입했다.

그러니 그저 "아침에 일어나기 힘들어서 학교에 가고 싶지 않다"는 말은 아버지에게 있어 아연실색할 이야기였을 것이다. 남들은 다 기본으로 다니는 게 학교인데, 뭐가 힘들어 못 나간다는 것인지. 그마저도 이겨내지 못한다면 앞으로 사회생활은 어떻게 할 것이며, 남아 있는 기나긴 생을 대체 어떻게 살아가겠는지. 아버지의 관점에서 그것은 나의 나약함, 의지의 박약함에 불과했다.

결국, 나는 학교를 그만두고 싶다고 부모님께 말씀드렸다. 하지만 속에 담긴 진짜 이유는 끝내 꺼낼 수 없었다. 대신 거짓으로, 학교에서 따돌림을 당하고 있다고 얼버무렸다. 자퇴는 허락받지 못했으나, 타협안으로 방송통신고등학교 전학을 권유받았다. 한 달에 한두 번만 출석하면 나머지 수업은 온라인으로 수강할 수 있는 학교였다.

그렇게 나의 고립도 시작됐다. 예전 친구들과의 연락을 모두 끊었고, 학교에 가는 날을 제외하면 거의 집 밖으로 나가지 않았다. 물론 그때는 그게 고립인 줄 몰랐다. 사회와 간신히 연결되어 있었지만, 그 선은 언제든 툭 끊어질 듯 위태로웠다.

차라리 그때 억지로 학교를 다닐 게 아니라 심리상담이라도 받았다면, 정신과에 한 번이라도 가봤다면 다른 활로를 찾을 수 있었을지도 모른다. 하지만 정신과에 대한 편견이 심했던 부모님도, 우울증에 대해 잘 몰랐던 나도 그저 막연하게 '대학에 가면 뭐라도 되겠지.' 하며 문제를 직시하지 못했다. 내 상태를 알리거나 도움을 청하기보다, 꼭꼭 숨기고 없는 것처럼 행동했다. 그러면 진짜로 문제가 없어지기라도 할 것처럼. 어쨌든 학교는 다니고 있다는 알량한 안도감에 기대, 진짜 문제를 해결할 시간을 유보하고 있었다.

아니나 다를까, 대학에 가본들 결국 근본적인 문제는 해결되지 않았다. 고교 때처럼 출결 관리에 다시 발목이 잡히기 시작했다. 하나둘 루틴이 무너지고 아침에 일어나지 못하는 날들이 늘어나는데, 그 이유를 모른 채 여전히 내 탓만 하다 도망치듯 휴학했다. 그때부터는 고립을 넘어, 진짜 은둔 생활로 접어들었다.

그 무렵 나는 극도의 우울과 무기력 속에서 살아갈 의욕을 완전히 잃고 온종일 잠만 잤다. 깨어있을 땐 누운 채 울며 죽는 방법을 고민했다. 아버지는 여전히 술에 찌들어 가족을 들들 볶았다. 그 지긋지긋한 감정과 관계의 역동이 극에 달한 어느 밤, 나는 아버지와 격렬히 다툰 끝에 칼을 집어 들었고, 그대로 내 목을 수차례 찔렀다.

결론부터 말하자면 나는 그때 극적으로 살아남았다. 그리고, 그 자살 시도는 드라마틱하게도 우리 가족에게 일종의 터닝 포인트가 되었다.

거기까지 가서야 부모님은 비로소 내가 정말로 아프다는 것을, 뭔가 문제가 있다는 것을 깨달았던 모양이다.

어쩌면 아이러니하고도 슬픈 이야기이기도 하다. 죽음의 문턱까지 가서야 겨우 마음의 상처를 이해받을 수 있다는 사실이 말이다. 부모님은 지금보다도 심적 고통에 관대하지 않은 사회를 겪은 세대였을 테고, 그들 역시 누군가에게 이해받아 본 적이 없었을 것이다. 그러니 나를 어떻게 이해해야 하는지도 몰랐겠지. 서른이 넘은 지금에서야 그런 것을 돌이켜 짐작한다. 어쩌면 그들이 나를 괴롭히고 옥죄고 몰아붙였던 수많은 행동조차, 달리 보면 서툴고 잘못된 사랑의 방식이었을지도 모른다고.

아버지 앞에서 칼로 목을 찔러 죽으려 했던 내가, 아버지를 이해하고 용서하기까지는 지난한 시간이 걸렸다. 어떤 이들은 평생 걸려도 부모를 용서하지 못한다고 한다. 나 역시 한때는 평생 아버지를 용서할 수 없을 것이라 생각했다. 사실 굳이 부모를 용서할 의무도 없다고 본다. 다만 내게는 용서의 과정이 필요했다. 해결되지 않은 증오와 분노, 상처를 계속 품고 사는 건 다른 누가 아닌 나 자신에게 가장 힘든 일이었기 때문이다.

영영 할 수 없으리라 생각했던 이해와 용서. 내가 그 지점에 닿기까지의 여정에는 행복공장의 이야기가 빠질 수 없다.

나의 정서적 외갓집

은둔에서 나와 어느 정도 회복하기까지, 나는 글 몇 편으로 다 담기 어려울 만큼 여러 곳에서 많은 도움을 받았다. 그중에서도 행복공장은 내가 방 밖으로 나온 뒤 근 5년 동안 뻔질나게 드나든 곳이다.

행복공장을 처음 알게 된 건, 당시 국내 최초로 은둔 청년들을 돕기 위해 세워진 한 사회적기업에서 일 경험을 하던 때였다. 연극 프로그램을 하는 곳이라는 이야기를 듣고선 딱히 내가 참여할 일은 없으리라 생각했다. 은둔에서 갓 나와 삶을 추스르기만도 버거워 휘청거리던 때였고, 원래 남들 앞에 나서기를 극도로 부담스러워하는 성격이기도 했다. 연기나 무대가 내 인생과 연결될 거라곤 평생 상상해본 적도 없었다. 심지어 그냥 프로그램도 아니고, '치유연극 캠프'였다. 숙박형으로 3박 4일 과정을 두 차례 거친 뒤, 마지막에는 실제 무대에 올라 진짜 관객 앞에서 공연까지 한다고 했다. 연기를 잘하고 좋아하는 사람들이나 가는 곳이겠거니, 그때의 나는 그렇게 생각했다. 그게 내게 썩 도움이 되리란 생각도 못 했고.

하지만 이런저런 권유와 설득 끝에 결국 캠프에 참여하게 됐다. 강원도 홍천을 방문해본 것도 생애 처음이었다. 버스 차창 너머로 차량 통행과 인적이 드물어지는 시골 풍경을 한참 바라보고 있자니, 산과 산 사이에 자리한 행복공장 수련원이 불쑥 눈앞에 나타났다.

첫발을 딛는 순간부터 원장님과 이사장님, 연극강사님들이 우리를 무척 따스하게 맞아 주셨다. 한때 신세를 졌던 교회처럼, 이곳에도 귀여운 강아지가 두 마리나 있었다. 날씨와 수련원의 풍경이 그 모든 것과 어우러져, 말 그대로 '환대'라는 단어가 형상화된 것만 같은 장면이었다.

행복공장의 프로그램은 내가 흔히 생각했던 것과는 좀 달랐다. 대부분의 과정이 우리가 연극을 준비하는 것이라는 생각조차 들지 않을 만큼 자연스럽게 흘러갔다. '얼음 땡' 같은 놀이를 하며 사람들과 한바탕 웃고 뛰어다니다 보면 어느샌가 긴장이 사르르 녹아 있었다. 이후 다양한 방식으로 서로의 이야기를 나누는 시간들이 이어졌다. 인생 그래프를 그리거나, 원장님이 던져주신 주제로 나의 생각을 자유롭게 표현해 보기도 했다. 그리고 나서는 그것을 서로에게 들려주었다. 우리는 저마다 깊은 이야기를 자연스럽게 꺼내놓으며 함께 공감하고, 안타까워하고, 축하하고, 기뻐했다. 일련의 과정을 거치고 나면 강사님들이 우리의 이야기를 한데 그러모아 한 편의 즉흥극으로 엮어주었다. 대본은 없었다. 모두 우리의 이야기였기에, 따로 외울 것도 꾸밀 것도 없었다.

나는 캠프 내내 참 많이 울었다. 가상의 대상을 향해 하고 싶은 말을 건네 보는 프로그램에 특히나 더 그랬다. 당시 내가 못다 한 말이 남아 있는 대상은 아버지뿐이었다. 아버지 역을 맡은 강사님을 향해 '아버지'라 부르며 마주 선 순간, 그 한 마디만으로도 이미 온갖 감정이 북받쳐 눈물이 펑 터졌다.

너무 꺽꺽 울고 흐느끼느라 무슨 말을 했는지도 기억이 나지 않는다. 눈은 퉁퉁 부었지만, 가슴 한편은 후련했다. 해묵은 감정은 결코 사라지지 않고 켜켜이 쌓인다는 걸 그때 실감했다. 이 상처와 감정은, 어떻게든 해소하지 않으면 묵직한 추처럼 내 발목을 붙잡아 인생 곳곳에서 나를 걸려 넘어지게 하겠구나.

하지만 그런 감정들을 대체 어떻게, 어디에서 해소할 수 있을까. 행복공장의 연극이 아니었더라면 나는 여전히 그 방법을 잘 몰랐을 것이다. 행복공장에서 얻은 치유의 경험은 정신과 진료나 심리상담에서 얻을 수 있는 것들과는 결이 달랐다. 우리의 이야기가 모여 하나의 큰 극으로 빚어져 가는 과정 자체도 의미 깊었으며, 그 극이 완전한 타인인 관객 앞에 펼쳐지는 것도 평생 한 번 해볼까 말까 한 경험이었다. 수치스럽다고 여겨 어디에도 내놓을 수 없었던 우리의 이야기가, 커튼콜에서 열렬한 박수를 받으며 한 편의 공연으로 마무리되던 순간, 나는 오래도록 나를 괴롭혀 온 수많은 감정을 그 무대 위에 놓아두고 내려올 수 있었다는 생각이 든다.

나는 그 이후로도 행복공장에 자주 드나들었다. 감사하게도, 원장님은 굳이 '은둔고수 강사'라는 역할을 마련해 강사비를 책정하고 나 같은 청년들을 자주 불러 주셨다. 강사라고 해봤자 연극 전문가도 아닌 우리가 하는 일이 대단할 리는 없었다. 그저 원장님과 강사님들의 환대를 받으며 프로그램에 참여하고, 다른 은둔 청년의 부모님들이 계신 캠프에서는 내 이야기를 들려드리기도 하고, 강아지 해피, 토리와 즐겁게 놀고, 푹 쉬고, 맛있는 밥을 배불리 먹고 돌아오면 그만이었다.

반가운 친척이 있다면 이런 느낌이 아닐까. 한때 내 사회적 관계망은 가족 단위에서부터 끊겼기에, 나는 꽤 오랫동안 명절에 친척 집을 찾을 일이 없었다. 물론 어떤 이들에게 명절 모임이란 고역이고, 그곳에서 큰 상처를 받고 돌아오기도 한다. 하지만 만약 정말 인심 푸근한, 이를테면 나를 강아지처럼 마냥 예뻐해 주시는 시골 외할머니 같은 분을 만나러 가는 거라면 어떨까. 그간 내가 어떻게 지냈는지 조잘조잘 들려드리고, 아무 생각 없이 푹 쉬었다가, 맛있는 밥을 배불리 먹고, "힘들면 언제든 놀러 와 쉬다 가라"는 말을 들을 수 있는 곳. 그런 따사로운 곳이 내 곁에 있어, 인생이 잠시 버거워질 때면 언제든 찾아갈 수 있다면. 그런 인연이 가느다랗지만 오래도록 꾸준히 이어진다면.

나라면 그런 곳을 외갓집이라고 부르겠다. 그래, 행복공장은 내게 정서적 외갓집 같은 곳이다.

이제 나는 연극 도중 아버지의 이름을 불러도 울지 않는다. 따박따박 불만을 쏘아붙이며 그를 타박하기도 하고, 한편 이해하기도 한다. 아버지에게 쌓여 있던 오랜 분노를 행복공장에서 조금씩 풀어낼 때마다, 내 안에서 그가 차지하던 크기는 점점 작아져 갔다. 그와 함께 내가 아버지를 발화하는 방식도 조금씩 바뀌었다.

지금의 나

얼마 전, 행복공장에서 자주 열리는 〈나의 이야기 극장〉이라는 관객 참여형 연극에서, 나는 '65년생 김○○'라는 제목으로 아버지의 이야기를 요청했다. 내 사연을 듣고 즉석에서 연기를 펼쳐 주시는 배우분들을 바라보며, 언젠가 아버지도 이런 광경을 보게 될 날이 올까 궁금해졌다.

나는 그간 아버지를 이야기할 때, 그가 가족에게 휘두른 폭력으로만 그의 모든 것을 설명해왔다. 하지만 내가 입체적인 인물이듯 그 또한 입체적인 인물이다. 그는 타고난 악인도 아니며, 어쩌면 누구보다도 열심히, 행복하게 살고 싶었던 평범한 가장이었을 것이다.

아버지에게 가장 안타까운 점은, 그의 젊은 시절에 행복공장 같은 곳이 없었다는 것이다. 내 인생이 흔들리고 무너지려 했을 때 나는 주위의 도움을 받아 다시 설 수 있었다. 하지만 그가 시대의 격랑에 휩쓸려 바닥에 내던져졌을 때는 누구도 그를 도와주거나 구해주지 않았다.

만약 아버지가 소리치고 울며 자신의 울분을 해소할 수 있는 곳이 있었더라면 어땠을까. 그런 그의 어깨를 감싸주며 편히 쉬다 가라고 위로해 주는 이가 있었다면 어땠을까. 그런 곳이 사회에 마련되지 않았고, 달리 어떤 방식으로 건강하게 해소할 수 있는지도 알지 못했기에, 결국 그가 속한 가정이 그 무대가 되고 말았다. 그 시대의 슬픈 어른, 슬픈 부모….

몇 년 전, 전화로 안부를 묻는 아버지에게 내가 지금 일하는 곳이 사회적기업이어서 좋은 동료들이 많다고 이야기한 적이 있다. 그러자 아버지는 "겉으로는 그렇게 보여도, 그 사람들 뒤에서 무슨 소리를 할지 모른다. 사람 너무 믿지 말고 절대 네 이야기 함부로 하지 마라"고 신신당부했다. 아버지는 여전히 지옥 같은 세상을 살아가고 계신 것이다.

지금도 그는 하루에 몇 번씩 문자를 보내는데, 하나같이 부정적인 내용들이다. 먹으면 병에 걸리는 음식, 길거리 무차별 살인, 경제 대공황, 놀이공원의 기구 추락 사고 같은 기사들. 이거 하지 마, 저거 먹지 마, 여기 가지 마, 큰일 난다, 큰일 난다, 큰일 난다, 세상이 참 무서운 곳이라 큰일이다. 그가 하는 말이란 그런 것뿐이다. 그런 모습을 보고 있노라면 그가 스스로를 가둔 마음속 감옥이 얼마나 견고한지 느껴진다. 이제 그에게 남은 안식이라곤 죽음밖에 없는 것은 아닐까 싶을 정도다.

나는 이제 아버지가 가엾게 느껴진다. 더는 세상과 연결될 일이 없을지도 모를, 고립 장년이 되어버린 것 같아서다. 아버지에게 이제는 손을 뻗으면 누군가 도와주는 사회가 되었다고 알려주고 싶다. 자신들끼리 충분히 잘 먹고 잘살 수 있는 사람들이, 굳이 전 재산을 쏟아부어 홍천에 건물을 짓고서 세상 가장자리에 내몰린 이들을 돕고 다니기도 한다고. 그런 기사도 제발 한번 찾아보시라고. 그리고 가능하다면, 이 세상에 아버지와 같은 이들을 치유할 수 있는 곳도 세워졌으면 한다고. 그리하여 당신도 부디 그 오랜 상처를 내려놓을 수 있길 바란다고 전하고 싶다.

회복이란

앞서 은둔의 계기가 얼마나 다양한지 짚었다. 백 명이 있으면 백 가지 사연이 있는 것이라고. 그렇다면 당연히 회복의 실마리도 사람마다 다를 것이다.

나로 말하자면 아버지에게서 받은 상처가 은둔의 큰 부분을 차지하기에, 그를 용서하는 과정이 내게는 진정한 의미로 가장 회복에 가까웠지 않나 싶다. 최근에 그것을 또렷이 실감한 일이 한 가지 있었다.

나는 지금 행복공장에서 기간제 계약직으로 일하고 있다. 어려서부터 해외 봉사라거나, 나처럼 가난하게 자란 어린아이들을 돕고 싶다는 꿈이 있었는데, 그 진로를 명확히 그리게 된 것은 행복공장에서 나를 비롯한 몇몇 은둔 청년을 캄보디아 자원봉사에 연계해 준 뒤부터였다. 그런 내게 원장님이 행복공장에서 잠시 일하며 진로 준비도 하고, 근무 기간 중 몽골에도 한 번 다녀오면 어떠냐고 제안해 주셨다. 캄보디아에 이어, 다음으로 방문할 현지 기관을 사전 답사하기 위해서였다.

그런데 정작 몽골에 도착해 보니 현지의 사정은 생각한 것과 많이 달랐고, 우리가 할 수 있는 일이 그리 많지 않았다. 이대로면 아무런 성과 없이 돌아갈 판이었다. 한국에서 2,000km나 떨어진 울란바토르 한복판에서, 나는 몹시 막막해졌다. 물론, 출국 전에 원장님은 "딱히 우리가 해볼 만한 게 없으면 그냥 돌아와도 된다"고 하셨다. 그래도 항공비가 결코 싸지 않은데, 죄송스러운 마음에 무언가 한 가지라도 좋은 소식을 들고 돌아가고 싶었다.

예전이었다면, 내가 아무것도 할 줄 모르면서 주제넘은 일을 맡았다고 자책했을 것이다. 성과를 내지 못한 나를 비난하거나, 내가 좀 더 어필을 잘했더라면 결과가 다르지 않았을까 곱씹으며 혼자 끙끙 앓았겠지. 하지만 정확히 30분 뒤, 나는 번쩍 정신을 차렸다. 그리고 내가 당장 할 수 있는 것이 무엇인지 열심히 고민했다. 머무는 숙소에서 도움을 주신 수녀님과 연이 닿아 있다는 기관에 연락을 부탁드리기도 하고, 몽골 현지 교포들이 모인 오픈 채팅방을 찾아가 내 사정을 설명하기도 했다. 그런 노력과 감사한 도움 덕분에, 귀국을 하루 앞두고 새로운 기관과의 미팅이 간신히 성사되었다. 그곳에서 정말 좋은 방향으로 이야기를 나누고, 미래를 기약하며 돌아올 수 있었다.

누군가에겐 별것 아닐지 몰라도, 내게는 정말 큰 의미를 가진 순간이었다. '약한 모습을 보이면 이용당한다. 한 번 실패하면 끝이다. 아무도 너를 도와주지 않는다.' 아버지가 내게 심어둔 오랜 트라우마에 나는 늘 걸려 넘어지기만 했는데, 이번엔 그러지 않고 정면으로 도전해 문제를 직시할 수 있었다. 오래도록 나를 괴롭히던 그 해묵은 무언가가 이제는 내 안에서 정말 많이 옅어졌다는 것을 분명히 느낄 수 있었다.

이제는 설령 퇴사를 하거나, 몇 년 동안 취업을 못 하거나, 우울증이 악화해 다시 아침에 일어나지 못하게 되더라도 그것을 '은둔했다', '실패했다'라고 여기지는 않을 것 같다. 이제는 힘들거나 어려울 때 내 상황을 솔직하게 이야기하고, 필요하다면 도움을 청해 내 앞에 놓인 문제를 스스로 해결할 줄 안다는 믿음이 생겼으니까.

이것이 내가 찾아낼 수 있었던 나의 회복이다. 거창하고 화려한 이야기도 아니고, 소위 '완벽한 정상궤도'의 삶을 손에 넣으며 끝나는 이야기도 아니다. (그런 걸 그리 흔히들 손에 넣을 수 있는 건지도 잘 모르겠다) 인생에는 연극과 달리 커튼콜이 존재하지 않기에, 나는 앞으로도 계속 흔들리고 우당탕 넘어지면서 살아갈 것이다.

어떤 결말이 나를 맞이할지는 모르겠지만, 어쨌든 이다음에 이어지는 건 내 진정한 삶의 방식이 무엇인지 앞으로도 계속 고민하고 찾아 나가는 이야기일 것이다. 어쩌면, 아버지 대에서 미처 끊어내지 못했던 오랜 상처와 악순환을 치유해나가기 시작한 이야기일지도 모른다. 또한, 우리들의 은둔이 사회의 요구를 거스르는, 마치 잘못된 인생처럼 목을 조이는 시대에, '이렇게 살아봤는데 나쁘지 않던걸'이라고 끝까지 살아남아 증명하고 싶은 이야기이기도 하다.

이런 인생도 있다! 이미 이것이 내 인생이다. 돌이킬 수도 없고 굳이 더 나아져야 할 것도 없는 나만의 인생. 한때 은둔했거나, 지금 은둔 중이거나, 언젠가 은둔하게 될 모든 이들 또한 그렇다. 우리 모두가 저마다의 회복과 삶의 방식을 찾아낼 수 있었으면 좋겠다. 그런 우리들의 수많은 은둔이 또 다른 세상을 만들어갈 수 있기를 바란다. 우리 뒤에 태어날 이들이 어떤 다양한 삶을 살게 되어도 괜찮고, 그 모든 게 정답이며 정상인 세상을.

3장 함께 걸어주는 어른이들
함께 길을 찾고자 고민해 온 사람들의 생각

- 세상에서 제일 멋진 풍경 | 조현
- 그대, 다채롭게 빛나는 섬이기를 | 박영민

방을 나온다는 것은 끝이 아니라 시작이다. 은둔의 문제는 개인의 변화만으로는 해결되지 않는다. 사회가 함께 움직여야 한다.

3부는 오랫동안 은둔 청년 곁을 지켜보며 길을 찾고자 고민해 온 사람들의 시선을 담는다. 이들은 묻는다. "우리는 무엇을 놓치고 있었을까?" 펭귄들이 제대로 바다로 가기 위해서는 앞서 걸어간 선배 펭귄의 응원이 큰 힘이 된다.

세상에서 제일 멋진 풍경

#풍경 1

넌 어느 별에서 왔니. 어쩌다 이 삭막한 사막, 적막한 무인도, 고립무원의 밀림 속에 불시착했니. 부서진 비행선과 함께 꺾여 버린 내 날개. 나를 구원해 줄 비행선은 언제쯤이나 오는 거니. 얼마나 더 기다려야 이 무료한 시간 너머로 무지개가 떠오를 거니. 수천 미터를 내려가도 내려가도 끝이 없는 바다 그 어디에 내 발이 닿는 거니.

건강했던 아버지가 어느 날 갑자기 뇌출혈로 쓰러져 세상을 떠나던 열네 살 소년의 머리 위로 노란 하늘이 무너지고 있었다. 이어진 집의 화재와 어머니의 중화상. 타고난 허약한 체질에 하루걸러 위궤양으로 데굴데굴 구르던 통증. 걷잡을 수 없는 삶의 파고에 혼과 넋이 빠진 듯했다. 허우적거리면서 겨우 다니던 광주 도심의 고교에서 맞닥뜨린

5·18은 이미 운명과 삶에 진절머리가 나던 소년에게 '삶은 더 이상 살 만한 가치가 없다'는 신념을 갖는 데 더할 나위 없는 구실이 되어 주었다. 그해 5월 가출과 자퇴, 몇 년의 방황 끝에 다시 한 허깨비는 귀향해 강가에 앉아 있곤 했다. 공상하는 소년의 오후는 무료했다. 결코 하루가 끝날 것 같지 않았다. 우울증이란 말을 들어 본 적도 없던 시절의 깊은 우울, 은둔·고립이란 말이 없던 시절의 깊은 단절. 한 줄기 빛도 없는 짙은 잿빛의 어둠 속에서 그렇게 백만 광년의 세월이 멈추어 있었다.

  마침내 끝나지 않을 것 같은, '엿 같은 삶'을 끝내기로 했다. 디데이는 성인이 되는 생일이었다. 그런데 목으로 넘어가던 극약이 목구멍 속에서 입으로, 코로 분출했다. 바닥 모를 무의식 그 어디, 내가 모르는 바닥이, 아니면 숨은 용암이 있었던 것일까. 게거품을 물고 방 바깥을 뛰쳐나와 본 풍경은 결코 해가 뜨지 않던 잿빛 세상이 아니었다. 빛바랜 청춘의 가장 깊은 나락에서 벗어나던 스무 살 생일날 아침의 그 찬란한 빛을 잊을 수 없다. 잠시 전까지 잿빛이던 세상이 마치 수소폭탄이 터진 듯 반짝이며 갑자기 개벽되었을 리 만무했다. 그런데 하늘과 땅과 나무와 꽃들은 더는 어제의 그 칙칙한 그 색이 아니었다. '신의 실패작'이라 굳게 믿었던 그 마음속 깊고 깊은 곳 어디에, 그 절망의 늪 아래 어디에 그토록 믿을 수 없는 '생명의 빛'이 숨어 있었던 것일까.

#풍경 2

만 60세가 되어 정년퇴직을 했다. 33년 동안 직장생활을 하고 정년퇴직을 하다니, 스스로도 믿어지지 않는다. 직장에 다니면서 몇 개의 개인적인 모임도 꾸려 가고, 강연도 하고, 곧잘 사람들과 어울리니 어떤 이들은 사회생활 잘하는 관계의 모범생쯤으로 봐 주기도 했다. 정말 그랬을까. 젊은 시절 고립을 뒤로하고 뒤늦게 대학에 가고, 직장생활을 하며 나름 사느라 노력하며 잘 어울리는 척, 잘 사는 척도 했지만, 인간에 부대끼며, '언제나 벗어날 수 있을까.' 하며 탈출을 꿈꿨다. 마음속 깊은 곳에서는 '헬조선'이 아닌 샹그릴라와 낙원을 갈망했다. 몸은 집이나 직장에 머물고 있어도, 마음은 벌써 한참이나 딴 세상을 향해 멀찍이 걸어가고 있었다.

 기자 생활을 하며 글을 쓰고, 책을 냈는데, 『인도 오지 기행』『은둔』『하늘이 감춘 땅』 같은 것들이었다. 그 책 제목만 봐도 '사람들 사이'가 아닌 '(지겨운) 인간들이 없는 딴 세상'에 대한 그리움이 담겼다. 50줄에 들어서 쓴 『그리스 인생학교』도 30~40년 동안 천 길 낭떠러지 바위 동굴 위로 사다리를 타고 올라가 홀로 수도하는 이들이 있는 수도원 공화국인 아토스산에서 시작했다. 인간 세상을 살면서도 지겨운 인간들이 없는 은둔 고립, 단절의 삶을 갈망했다. '수도의 세계'에서는 세상에 대한 염오와 단절과 은둔을 '저 높은 곳을 향하여'란 명분으로 다소 정당

화해 주었다.

　글에서도 현실에서도 아수라 중생계를 떠나 출세간, 즉 수도원이나 암자에서 살아가는 사람들을 만나고 또 만났다. 그중엔 무려 30~40년을 높은 산 속에서 홀로 살아온 이들도 있었다. 오랫동안 홀로 살아가다 보니 고독에 익숙해지긴 했지만, 은둔자의 눈 깊은 곳에선 인간에 대한 깊은 그리움이 배어있었다. 높은 산을 오르는 피로로 눈꺼풀이 내려앉는 객을 재우지 않을 정도로 인간계의 소식을 궁금해했고, 객과의 담소를 반겼다. 그 은둔의 처소에서 발길을 돌릴 때마다 그의 절절한 외로움과 그리움이 등 뒤에 꽂혀, 그를 홀로 두고 나 홀로 인간들의 세상으로 돌아오는 마음이 슬프고도 애달팠다.

　'혼자는 외롭고 함께는 괴롭다'. 지난번 낸 책의 부제로 쓴 이 문구는 '혼자 살자니 너무 외롭고, 함께 살자니 너무 괴로운' 우리 인간들의 딜레마를 너무 잘 표현해줬다는 이야기를 많이 들었다. 나의 책도 그렇지만, 우리들의 인생사가 모두 '홀로'와 '함께' 사이에서 방황하는 이야기다. 인간들이 지겹고 진절머리가 나서 떠나고 싶고, 숨고 싶고, 회피하고 싶다가도, 외롭고 인간이 그리워 어울리려 다가섰다가 상처 입고 미워하고 다투고 다시 숨고 싶은 것이 인간사다. 하지만 여기가 아닌 거기엔 낙원이 없다. 샹그릴라를 찾아 히말라야와 티베트 고산과 전 세계의 수도원을 누벼도 결국은 현실로 돌아와야 했다. 지금 여기의 삶을 직면하지 않고서는 결코 행복해질 수 없다는 당연한 진실을 몸으로 체화하기까지 60년 가까운 시간이 흘렀다.

몇 년 전부터 행복공장의 은둔·고립 청년 캠프에서 자주 은둔·고립 청년들을 만나 '선배와의 대화' 시간을 갖거나 명상을 가르쳐왔다. 너무 고단하고 지친 청년들을 위해 잠시 마음속으로 평안한 해변가나 공원 벤치나 자신의 방에서 편하게 쉬도록 하는 힐링 명상을 하기도 하지만, 핵심은 현실을 회피해 낙원이나 도피처로 가는 게 아니라 '지금 여기'로 돌아오게 하는 것이다.

대부분의 은둔·고립 청년들이 고무줄처럼 자기도 모르게 과거의 아픈 상처와 좌절과 실패 속으로 빠져들거나 미래의 불안에 사로잡힌다. 그래서 그 고통에서 벗어나기 위해 가장 쉽게 갈 수 있는 도피처로 상당수는 게임에 몰입한다. 게임만큼 지옥 같은 현실을 쉽게 잊게 해주는 것도 없다. 과거의 나처럼 도피처를 찾아 많은 비용과 시간을 들여 히말라야로 갈 필요도 없고, 방 안에서 게임을 통해 너무 쉽게 도피할 수 있다는 것이 청년들에겐 엄청난 축복 같다.

그러나 그것이 결국 얼마나 몸의 건강을 해치고, 마음의 내성을 약화시키고, 현실감이 떨어지게 해 현실로 돌아가기를 더욱 멀어지게 하며, 몸과 마음을 병들게 하는지, 은둔·고립 청년들 스스로 누구보다 잘 알고 있다. 도피처는 게임으로도 너무도 충분했다. 명상에서 숫자를 세거나 호흡에 집중하는 것도 불안과 우울과 분노가 두려워 자꾸만 게임으로, 가상공간으로, 허망한 판타지로, 과거의 상처로, 미래의 불안으로 가려는 마음을 '지금 여기'로 돌아오게 하는 수단일 뿐이다.

　과거의 아픔과 좌절 속으로 가려는 마음을 지금 여기에 데려오는 게 명상이다. 그렇게 깨어 있어야만 걸을 때는 걸음에 집중하고, 밥을 먹을 때는 밥 먹는 데 집중하고, 대화할 때는 상대의 말을 경청하고, 일할 때는 일에만 집중하고, 쉴 때는 온전히 쉴 수 있다. 그 집중엔 상처가 파고들 수 없다. 아무것도 하지 않은 상태로 내팽개쳐 두거나, '지금 여기'를 회피하고 게임이나 게으름에 도피할 때만 두려움과 우울의 망상이 제멋대로 활개 칠 수 있다. 잘 훈련된 반려견조차도 산속에 풀어 놓으면 얼마 안 가 들개로 변하고 만다. 들개처럼 방황하는 우리 마음을, 나와 잘 지낼 수 있도록 반려견처럼 길들이는 게 명상이다. 나처럼 마음이 현실을 떠나 딴 세상을 떠돌며 방황하는 시기를 60년보다는 훨씬 줄이기를 바라는 간절한 마음으로 은둔·고립 청년들과 함께 눈을 마주 보며 지금 여기에 깨어 있는 연습을 한다.

#풍경 3

서울의 한 셰어하우스에서 청년 셋이 공동체 생활을 한다. 그런데 한 번 말문이 터진 청년들은 자기 방으로 들어갈 생각도 하지 않고, 날밤을 새워 정담을 이어 간다. 요즘은 형제자매가 많아야 한둘이고, 혼자뿐인 경우도 많고, 어려서부터 각방을 써서 함께 사는 삶에 서툴다고 한다. 그런데 이 셰어하우스 청년들이 적게는 2~3년, 많게는 7~8년씩 집 밖에 나오지도 않고 은둔하던 청년들이라면 과연 이런 수다의 봇물을 믿을 수 있을까.

같은 아픔을 공유하고, 조금이라도 아픔을 공감해 줄 수 있는 사람을 만나면 백 년 친구를 만난 듯 말이 끊이지 않는 것을 보면 이들이 은둔했지만, 얼마나 누군가와 연결되고 싶고, 삶을 공유하고 싶어 했는지 너무도 잘 알 수 있다. 이들은 은둔·고립 청년으로 태어나지 않았고, 은둔의 삶을 원치도 않았다. 이들도 누군가와 속내를 꺼내고 상처를 어루만지고 위로해주고 공감해주는 벗을 원하고, 그런 벗이 되어 주고 싶은 보통의 사람들이다.

강원도 홍천 행복공장엔 아직은 세상 밖으로 나가기엔 두렵고 불안하지만 그래도 세상 밖으로 나가고픈 꿈을 잃지 않은 청년들이 기지개를 켜는 곳이다. 집 안에서 오랫동안 웅크리며 바깥세상이 여전히 두려운 청년들이 집 밖으로 나와 한 번도 가보지 않은 외지에 와서 캠프에 참석한다는 것 자체가 큰 용기이자 결단이다. 애써 캠프 참석을 신청해놓고도 당일 아침 '노쇼' 하는 청년들도 한둘이 아니다. 그런데 오랫동안 우울증약을 복용해 집중력이 떨어지는 일부를 제외하면, 캠프 참석자들을 바깥세상을 활보하는 청년들과 겉으로 구별하기란 사실상 어렵다. 은둔·고립 청년들을 발굴해 세상과 연결해 준 '안무서운회사'를 통해 온 청년들 가운데 캠프에 오자마자 조는 이들도 있는데, 캠프조차 적응하지 못한다는 선입견과 편견을 가지는 것은 오해다. 전날 밤 셰어하우스에서 밤을 새워 이야기하느라 수면이 부족한 은둔·고립 동거인들일 때도 적지 않다. 행복공장에서 조별로 자기의 상처를 소재로 한 연극을 만들어 아무에게도 말 못 한 상처를 풀어내고, 동병상련을 느끼며 함께 울고 웃는 청년들은 여느 자식이자 조카들과 다름없다.

행복공장에서는 10명 안팎의 은둔·고립 청년들을 모집해 공동체 생활을 했다. 이들은 6개월간 같은 숙소에서 합숙 생활하며 소통하는 법을 배우고, 바리스타 교육과 목공을 배우며, 커피 트럭 '영차'를 운영해 지역 축제 현장 같은 데 출동해 커피를 팔아 수익도 올렸다. 함께 사는 것이 더욱 서툴 법한 이들은 6개월을 공동체 살이를 해내는 동안 친구를 사귀고, 사회 복귀를 준비한다. "부디 문밖에 한 발짝만 나가 달라"는 부모의 간절한 애원을 회피했던 청년들이 취직을 하고, 저축하겠다고 나서니, 본인뿐 아니라 온 가족을 짓눌러 온 엄청난 바위가 치워져, 숨길이 열리는 놀라운 소식이다. 이것이 기적이 아니라면 무엇이 기적일까.

그렇기에 은둔·고립 청년에겐 편견과 비난이 아닌 연결이 절실하다. 여전히 바깥세상이 두렵지만, 그들 내면엔 누군가를 만나고 싶고, 일하고 싶은 내적 갈망이 숨어 있다. 그들이 꽁꽁 숨어 있다고 해도 그 갈망이 사라진 것은 아니다. 부모의 섣부른 조급증은 일을 그르치지만, 사회적으로는 그들에 대한 관심과 배려와 연결망을 포기해서도, 멈춰서도 안 된다. 어린 시절 숨바꼭질할 때 너무도 꼭꼭 숨어 있다가 술래가 포기해버리고 가버린다면 숨어 있는 아이의 마음은 어떨까. 숨어 있는 것은 숨어 있기 위해서가 아니라 언젠가는 다시 만나기 위해서다.

다행인 것은 한국이 선진국이 되어 사회복지가 강화되고, 은둔·고립 청년들에 대한 사회적 관심이 높아가고 지원해주는 곳도 늘어난다는 것이다. 은둔 중인 청년들도 자신들을 향해 내민 손을 뿌리치지 않는 한 줌의 용기가 필요하다. 많은 용기, 큰 용기가 아니라 단 한 줌의 용기 말이다.

#풍경 4

어제는 가을 산사에서 하룻밤을 묵었다. 황토로 지어진 숙소 옆엔 맑은 계곡물이 졸졸 흐르고 있었다. 온갖 귀찮은 것들로부터 벗어나 이런 곳에서 살면 세상살이가 거저일 것만 같다. 그런데 고즈넉한 산사의 방에서 차를 따라주던 스님의 말은 그게 아니었다.

어린 시절 부모로부터 보호받지 못하고 사랑받지 못하고 방치되거나 폭행을 당하며 상처받은 이들이 도피하듯 출가해봤자 절에서도 사는 내내 갈등을 일으키는 경우가 많다는 것이다. 절이나 수도원 같은 공동체에서조차 다를 게 없다는 것. 그러니 어린아이를 제대로 돌보지 못한 사회적 비용이 너무도 크다는 것이다. 어려서부터 가정 형편상 부모와 떨어져 할머니 품에 지내던, 찬바람 앞에서의 쓸쓸함을 출가 후 40년이 지난 지금까지도 떨치기 어렵다는 고백도 했다. 어린 시절 가정에서 받은 상처는 속세를 떠나서도 쉽게 해소되지 않는다.

그가 태어나던 1960년대 수억 달러에 불과하던 한국의 국민총생산은 1조 7천억 달러가 넘어섰다. 당시 수백 달러로 아프리카의 빈국보다도 못하던 1인당 국민소득은 3만 3,000달러를 넘어 일본인을 넘어섰다. 〈케이팝 데몬 헌터스〉에 실린 한류 노래들이 빌보드 차트 1위부터 상위권을 싹쓸이하고, 스트레이키즈와 블랙핑크 등 케이팝 아이돌들이 방탄소년단의 뒤를 이어 세계를 휩쓸고 있다. 〈오징어게임〉 등 드라마와 노래, 케이푸드에 세계의 젊은이들이 열광하는 함성이 지구촌에 가득하다.

그런데 세상엔 공짜가 없다. 가난을 벗어나 잘살아 보기 위해 희생한 결과 한국은 놀라운 성장과 발전을 이뤘지만, 그 뒤안길에서 희생된 이들이 많다. '선진 한국', '한류'라는 휘황찬란한 네온사인에 가려있지만, 무려 전체 청년들의 5%가량이 단절된 은둔·고립의 삶을 살아가고 있다. 인정하고 싶지 않아도 인정할 수밖에 없는 우리의 현실이다.

1980년대 이전 세대는 개인의 인격이나 감성 따위는 무시된 폭력이 가정에서, 학교에서도 만연했다. 정신을 차리게 하고, 효율을 꾀하기 위해서는 때려서도라도 바로잡아야 한다고 하는 가부장적이고 군사적인 문화가 지배했다. 폭력적인 가장 아래, 어떤 저항도 표현도 하지 못한 가정에서 가장 큰 피해자는 아무런 표현도 항거도 할 수 없던 무력한 아이들이었다. 아이들의 내면을 두려움과 불안과 우울 분노가 잠식했다. 먹고사니즘을 위해 돌봄과 공감 사랑 인정 따위는 무시됐다. 따라서 내적인 트라우마와 우울 분노가 컸지만, 이들에겐 피신처가 없었다. 가정조차도 부모는 먹고살기에 정신이 없었고, 형제자매가 여럿이어서 자신만의 방, 자신만의 피신처조차 가질 수 없는 집이 다수였다. 아픈 채로도 살기 위해 무엇이라도 해야 했다. 피신과 은둔이 필요함에도 홀로조차도 은둔조차도 할 수 없었던 곽팍한 시대였다.

1990년대 후엔 IMF로 나라가 휘청한 것을 빼면 대체로 경제적으로는 그 전 세대와는 비교할 수 없을 만큼 나아졌다. 출산율도 크게 줄어 한 집에 대여섯 명이 보통이던 자녀는 한둘이 대세가 되어 아이들에게도 자기만의 공간, 혼자만의 피신처가 생겼다. 학교에서도 집에서도 그 전 세대 아이들이 일상적으로 당했던 폭력도 크게 줄었다. 대신 인정욕구를 채워주며, 간섭이나 훈육은 줄었다. 스마트폰의 등장으로 개인의 시대는 가속화되었다. 스마트폰과 소통하는 시간이 늘고, 가족들과 대화는 줄었다. 가족끼리 한자리에 있어도, 각자 코를 박고 핸드폰만 쳐다보는 가정이 늘었다. 전에 없던 단절이었다. 선진국으로 성장했다지만 부익부 빈익빈으로 경제적으로 여전히 취약한 아이들은 부모가 먹고사는 투쟁에 매달리는 사이 더욱 스마트폰에, 게임에 의존했다. 하룻밤 자고 나면 변화되는 세상, 미래를 예측할 수 없는 세상, 한국사회가 규격화해 놓은 '명문대-대기업'을 달성한 이들조차 미래를 장담할 수 없어 불안한 사회, 자신만 뒤처진 것 같은 '포모'가 만연한 국민 우울 시대에 수많은 청년들이 스스로의 고립을 택했다.

은둔·고립 청년들이 은둔을 한 원인을 파고들면 대부분이 '가정'에서 비롯된다. 그러나 좀 더 정확히 따지면 성장 발전만을 절대적 가치로 여기며 국가적 자원을 선택적으로 지원한 사이 소외되고, 차별받고, 경쟁에 낙오한 이들은 국외자처럼 겉돌았다. 선진한국이란 휘황찬란한 불빛과 단절돼 막막한 어둠 속에 갇힌 가정 내에서는 더욱 단절의 골이 커졌다. 사회 구조적 모순과 불평등으로 인한, 우리 사회가 낳은 상처가 '은둔·고립'이다. 따라서 '은둔·고립'은 우리가 함께 감당하며 치유해야 할 아픔이다.

#풍경 5

다른 사람은 이 정글 같은 세상에서도 아무렇지도 않은 것 같고, 다 용감한 것 같은데, 왜 나만 이럴까. 왜 나는 이토록 두렵고 불안할까. 은둔·고립 청년들은 이런 자괴감에 더욱 힘들어한다. 그런데 다른 사람들은 아무렇지도 않을까. 두렵지도 불안하지도 않은 것일까.

아기가 태어날 때 주위에서는 모두 축복하지만, 정작 아기는 울음을 터트린다. 인식하든 인식하지 못하든 10개월간 지낸 모체와 단절되고, 안온한 자기만의 공간에서 나와 세상 속에 내던져지는 두려움이 없을 리 없다. 생존하는 생명체에게 누구에게나 두려움이 뒤따른다. 포식자의 공격을 피해 살아나기 위해 코끼리나 하마처럼 큰 덩치도 아니고, 호랑이나 사자처럼 힘이 세지도 않고, 원숭이나 다람쥐처럼 나무를 잘 타지도 못하고, 미어캣이나 두더지처럼 땅속으로 숨지도 못하고, 새처럼 날아서 도망칠 수도 없는 인간은 오랜 옛날부터 너무도 쉽게 사냥을 당할 수 있었기에 서로 연결해 돕지 않으면 안 되었다. 연결과 협력은 인간에게 선택이 아닌 필수였다.

이순신 장군이 쓴 난중일기에 보면 왜군과의 일전을 앞두고 이순신 장군도 식은땀을 흘리며 잠에서 깨거나 구토를 했다는 이야기도 있다. 병졸들과 부하 장수를 사랑하는 마음이 큰 만큼 전쟁에서 일어날 수밖에 없는 죽음과 부상에 대한 두려움이 없을 수 없다. 생존에 대한 열망이 크고 안전을 도모하는 만큼 두려웠다. 왜군에 나라를 빼앗기면 어디에 숨어도 안전한 곳이 없고, 늘 두려움에 쫓기며 살 수밖에 없다는 것을 알기에 두렵지만 도망치거나 숨지 않고 싸웠다.

누구에게나 두려움과 불안, 우울, 아픔, 상처가 있다. 마음만이 아닌 육체에도 그렇다. 살아있는 생명체엔 유익한 균만 있는 게 아니다. 내 몸속엔 유익한 균뿐 아니라 유해한 균들도 적지 않다. 피뿐 아니라 고름과 오줌, 똥까지 담고 있다. 그런 것들만 눈엣가시처럼 꽂혀 핀셋으로 모두 끄집어내려 하거나, 바이러스가 두려워 무균실에 들어가 살아갈 수는 없다. 몸에도 마음에도 긍정적인 것들과 부정적인 것들이 함께하고 있다. 누구도 긍정성만이 있는 사람은 없다. 누구도 완벽하지 않다. 긍정성과 부정성이 공생하는 것이야말로 건강한 삶이다.

이 세상엔 함께 하기가 더 버거운 사람들도 있지만, 나를 도와주려는 사람들도 많다. 스스로를 도울 첫 번째 구원자는 자신이다. '그동안 얼마나 외로웠니, 얼마나 무서웠니, 얼마나 힘들었니'. 자신의 마음을 알아주고 안아줄 때 가슴에 눈물이 흐른다. 외면만 당할 때 찬바람이 불던 가슴엔 따스함이 스며든다. 배가 차가우면 유해균들이 활개치고, 배가 따뜻해지면 유익균들이 더 활동하듯이 언 땅이 녹으며 건강한 생명력이 발현되고, 씨앗이 발아된다.

대나무는 씨앗이 땅에 떨어진 지 5년 동안 땅속에서만 자란다. 사람들

눈에는 띄지 않지만, 그동안 뿌리를 사방으로 뻗는다. 그리고 5년째 되는 해에 죽순이 땅 밖으로 힘들게 고개를 일단 내밀면 금방 쑥쑥 자라난다. 깊은 숲보다는 사람들이 어우러지는 마을 변두리의 땅속에서 삶을 준비한다. 그리고 거센 바람이 불면 맞서서 부러지기보다는 유연하게 흔들리면서 바로 서기를 되풀이하면서 굵기를 키워간다. 흔들리면서 커간다. 아프면서 자라난다. 그렇게 그렇게 푸르러지고 아름다워진다. 그것이 뭇사람들이 사군자로 칭송하는 대나무의 삶이다. 지금 은둔해있더라도 그 또한 삶을 준비하는 과정이다. 제 자리를 찾아가기 위해 은둔 군자들이 준비 운동 중이다.

'세상 풍경 중에 제일 아름다운 풍경은 모든 것이 제자리를 찾아가는 풍경이다'(노래 〈풍경〉). 세상에서 제일 멋진 풍경은 은둔·고립 청년이 두려움에도 불안함에도 문밖으로 한 발짝 내딛는 풍경이다.

그대, 다채롭게 빛나는 섬이기를

마주 앉지 못하는 상담의 막막함

한 20년 전에 아는 신부님으로부터 히키코모리에 대해서 아느냐는 얘기를 들었다. 그 당시에는 히키코모리라는 용어가 귀에 설었다. 단어 자체도 특이했기에, 그때부터 나에겐 히키코모리에 대한 관심이 생기고, 기회가 생길 때마다 관련 내용을 살펴보기도 했던 것 같다.

그러던 중 〈김씨 표류기〉라는 영화를 보게 되었다. 영화는 코믹하게 주인공들의 고군분투를 그렸지만, 나에겐 은둔형 외톨이인 여주인공이 어떻게 세상 밖으로 나올 수 있게 되었는지가 눈에 들어왔다. 무거울 수 있는 내용을 무겁지 않게 잘 풀어낸 영화였다. 그 영화를 감상하면서 다시 한번 은둔형 외톨이 청년들에 대한 관심을 갖게 되었다.

우리나라에도 적지 않게 그런 청년들이 있다는데, 영화가 아닌 현실에서는 어떻게 다가가야 할까? 외면할 수 없는 문제임에도 개인 대 개인으로 접근하기에는 쉽지 않은 것 같다는 고민을 상담자로서 하게 되었다. 이들을 만나면 어떻게 손을 내밀어야 할까? 라는 생각을 많이 하게 되었다.

몇 년 후, 우연히 찾아온 내담자가 준 숙제가 '히키코모리'에 대한 것이었다. 내담자는 자기 딸이 너무나 예쁘고 명랑한 아이였는데, 몇 년 전부터 방에 들어가 나오지 않는다며 제발 좀 도와 달라는 절실한 목소리로 부탁했다.

부모의 긴 하소연을 듣고 나서 우선 딸이 은둔을 선택한 이유는 여러 가지가 있겠지만, 부모가 든든한 버팀목이 되었더라면 은둔을 선택하지는 않았을 거라고 말씀드렸다. 우선 아버님부터 상담을 받으시길 권유했다. 다행히 아버님은 딸을 위해서라면 기꺼이 상담을 받겠다고 하셨다. 어머님께도 상담을 권유드려서 두 분 모두 수차례 상담을 진행했다.

마지막으로 딸과 함께 가족 상담을 하기 위해 필요한 자료와 도구를 챙겨 그 집으로 출장을 가기로 했다. 딸이 방에서 쉽게 나와줄 리 없다는 걸 알기에, '거실에서 가족 상담을 하다 보면 딸도 그 소리를 듣고 방에서 나와주지 않을까' 하는 막연한 기대를 갖고 아버님과 함께 집으로 향했다.

집에 도착해 딸의 닫힌 방문 앞에서 조심스레 노크했지만 열어주지 않았다. 더 이상 부담을 주지 않고 아버님, 어머님과 함께 거실에서 가족 상담을 진행했다.

    2시간 넘게 상담이 이어졌지만, 그 딸은 아무 반응이 없었다. 오랜 상담 끝에 다시 조심스레 노크를 해봐도 무응답이었다. 그날 상담을 종료하고 돌아오면서 많은 생각을 하게 되었다. 정말 상담가로서 최선을 다하고 싶어도 상대가 만나주지 않으면 내담자에게 접근할 수 없는데, 어떻게 해야 할까?

    아버님께서 그렇게 열심히 상담을 받으셨는데, 결국 그 딸을 세상 밖으로 나오게 하는 데는 실패하고 말았다. 낙담하는 아버님에게 "내가 상담가로서는 만나주지 않는 따님에 대해서는 어떻게 할 수 없지만, 따님을 위해 기도하며 늘 기억하겠다"고 말씀드리고 상담을 종료했다. 이후 그 가족의 사례는 내게 늘 가슴에 해결되지 않은 숙제처럼, 미안함과 막막함으로 남아 있었다.

    그 후 노지향 원장님이 행복공장에서 은둔형 외톨이에 관심을 갖고 그들과 함께 일한다는 소식을 들었다. 은둔 청년들의 치유를 돕고, 청년 커피차를 기획하며 커피 트럭을 만들어가는 과정도 생생하게 전해 들었다. 이름도 '움직이는 섬'이라 하셨다기에, 섬이 움직일 수 있다면 얼마나 다채로운 빛깔일까 상상하며 그들의 빛나는 미래를 희망하곤 했다.

행복공장에서 만난 청년들

행복공장과의 인연은 그보다 훨씬 전으로 거슬러 올라간다. 검사 출신의 권용석 변호사가 전 재산을 털어 세운 행복공장은, 초창기에는 감옥에 있는 수감자들을 위한 프로그램을 운영하며 이들이 세상에 나와 적응할 수 있는 터전을 만들겠다는 포부로 시작했다고 들었다.

'참 좋은 마음이구나.' 생각하며 행복공장에 대해 계속 기도했고, 정말 제소자들이 사회에 적응할 수 있는 중간 단계의 일터가 되기를 바랐다. 그러나 여러 여건이 맞지 않아 제소자를 위한 계획을 실현할 수 없게 되었다는 소식을 들었을 때, 아쉬운 마음에 행복공장에 가졌던 기대를 내려놓고 먼발치에서 기도만 하는 시기가 있었다.

몇 년 후 우연히 행복공장이 진행하는 '내 안의 감옥'이라는 프로그램 제목을 듣고, '아! 어쩌면 행복공장이 이 시대에 마음의 감옥 안에 살고 있는 많은 사람들에게 다가가서 문을 열도록 돕는 곳이구나!' 하는 생각이 들었다. '실제의 감옥에서 마음의 감옥으로 바뀌었구나'라는 깨달음과 함께, 행복공장이 시대가 요구하는 방향으로 나아가고 있음을 느꼈다.

하나의 문이 닫히면 또 다른 문이 열린다는 말처럼, 행복공장이 지금 이 시대에 가장 필요한 영역을 찾아 묵묵히 걸어가고 있다는 생각이 들었다.

2023년 가을, 행복공장이 은둔·고립 청년들의 사회성 회복을 지원하기 위해 세운 자립 성장학교 소식을 들었다. 나는 그때부터 그 일을 위해 기도하기 시작했다. 자립 성장학교에 지원한 은둔·고립 청년들은 6개월 동안 홍천 행복공장 청소년수련원에서 합숙 생활을 하며 소통하는 법을 배우고, 전문 심리상담과 사회 복귀 교육, 바리스타 및 목공 교육을 받으며 직접 일 체험도 한다는 소식이었다.

노지향 원장님은 은둔·고립 청년들이 세상에 나왔다가 다시 은둔 생활로 돌아가는 '재고립'을 막기 위해서는, 방 바깥에도 기댈 수 있는 사람이 있다는 믿음이 절실하다고 말씀하셨다.

그래서 나는 내가 할 수 있는 프로그램으로 그들과 함께하고 싶었다. 나는 프로그램 '나에게서 너에게로 건너가기'를 준비해 2024년 4월, 청년들을 만나러 홍천으로 향했다. 짧게는 2년, 길게는 10년 이상 방 안에서만 지내다 다시 밖으로 나온 청년들과 긴 시간 프로그램을 진행했다. 당시 남자 4명, 여자 2명과 함께 오전 10시부터 오후 4시까지 약 6시간 동안 집단상담 프로그램을 진행하며 조심스럽게 그들의 마음을 살펴보았다.

청년들은 말로 자신을 표현하는 데 익숙하지 않았다. 그래서 우선 아이스 브레이킹을 위해 공기놀이와 사진을 활용해, 청년들이 자신의 마음을 표현하도록 했다. 예상외로 청년들이 자신의 마음을 잘 개방하는 모습을 보고 용기를 얻어, 다음 단계에서는 동물 인형을 이용한 '자아 찾기'를 시도해보았다. 청년들은 그 과정을 매우 흥미로워했고, 시간이 흐를수록 점차 마음이 하나로 모이는 듯했다.

그들은 마치 놀이하듯 자신을 깊이 들여다볼 수 있음에 신기해했고, 다른 사람들과의 무언의 소통을 경험하며 자신의 상호소통 정도를 스스로 진단해볼 수 있었다.

다음 단계로 이어지는 '가족 세우기' 프로그램도 희망했지만, 시간 제약으로 인해 진행할 수 없었다. 언젠가 후속 프로그램으로 이어지기를 바라며 그날의 상담은 마무리되었다. 그 후 이 청년들이 운영하는 커피 트럭에도 찾아가, 그들이 손수 내린 커피와 직접 만든 간식을 먹었다. 그 따스함에 감동받았던 기억이 지금도 생생하다.

은둔은 그들의 '선택'이 아니다

은둔·고립 청년들의 은둔에는 언뜻 생각하면 은둔을 선택한 당사자의 책임도 있다고 생각되겠지만, 이들에게 가족, 학교, 그리고 사회에서 자신을 표현하는 방법을 배울 기회, 이해받을 기회를 제대로 제공하지 못한 가족과 사회의 책임도 무척 크다고 생각된다.

내가 만난 은둔 청년들 대부분은 다른 사람들에게 피해를 주지 않으려고 이리저리 피해 다니다 결국 고통을 자기 안에만 쌓아두려 했던 착하디착한 사람들이었다. 최후의 자기방어로 자기 자신을 가두는 마음의 감옥에서 살기를 선택했던 것이다. 하지만 다른 사람과의 단절은 강한 습성으로 굳어져 죽음과도 같은 시간을 살아야 했다. 이들 중 대부분이 자살을 생각했고, 자살을 시도한 적도 있었다.

이에 대해 나는 이렇게 말해주고 싶었다. '너희들은 죽고 싶어서가 아니라 살고 싶은 것이야. 너의 생각에 고립된 삶을 끝내는 최후의 방법으로 죽음이 답이라 여겨 시도한 것이지만, 사실은 살고 싶었던 거야. 은둔하는 동안 얼마나 답답하고 탈출하고 싶었니?'라고.

다시 일어서려 애쓰는 청년들에게 온 마음으로 응원을 보냈다. 지금부터는 나 자신이 나와 함께 있어 주고 나를 지키는 방법으로 살면 된다고. 그 시간은 결코 인생의 낭비가 아니고, 그 시간을 통해 남은 시간은 더욱 값지게 살아갈 수 있을 거라고.

은둔·고립 청년들이 겪었던 시간들은 자신의 가장 밑바닥을 마주할 수밖에 없었던 처절한 시간이었다. 하지만 겸손으로 이끄는 시간이기도 했다. 그 시간을 이겨낸 청년들의 영혼의 깊이는, 비록 이들이 하느님을 모르는 사람들이었음에도 수도 생활을 하는 이들과 견주었을 때 누가 더 영성이 깊다고 말할 수 없을 정도로 깊다고 느껴졌다.

그래서 도움을 주러 갔지만, 오히려 맑은 물을 마시고 온 듯 내 마음과 영혼도 힘을 얻는 시간이 되었다. 그리고 후일 다시 이들을 수녀원에 초대해 모래놀이 시간을 갖고 함께 좋은 만남의 시간도 가졌다.

이후 멤버가 바뀐 '나에게서 너에게로' 프로그램을 계속하며, 내가 가진 이들에 대한 관심과 애정은 더 커져 갔다. 그 사이 마음 아픈 일도 겪었다. 청년 중 1명이 은둔에서 나와 활발하게 활동하던 중 삶을 포기하게 되었는데, 남은 청년들이 많이 흔들리고 힘들어한다는 얘기를 들었다. 노 원장님의 부탁으로 이 청년에 대한 사별 모임을 수녀원 성당에서 가졌다. 남겨진 청년들이 세상을 떠난 그 청년에게 하고 싶었던 마음을 카드에 담아 봉헌하는 시간도 가졌다.

그중 한 청년의 고별사에 마음이 칼에 찔리듯 아팠다. "이렇게 나왔다가 다시 죽음을 선택하기까지 너의 삶은 얼마나 차가웠을까. 얼마나 힘들었을까."

지금도 생각하면 가슴이 먹먹하고, 이런 일이 다시는 일어나지 않도록 깨어 있어야 한다는 절실한 생각이 마음에 가득해졌다.

이 아이들의 이 아름다움을 어떻게 꽃피울 수 있을까? 그리고 적응하는 데 어려움을 가진 이 청년들을 어떻게 도와줄 수 있을까? 어떻게 함께할 수 있을까? 방법에 대해 고민을 거듭하며 해법을 찾으려고 노력하면서 결국 어느 한 사람이나 한 기관에서 가능한 일이 아니라는 결론에 닿았다. 이미 수십만 명의 청년들이 고통받고 있는 것이 현실인 이상, 수도회나 교구가 국가와 사회에서 이 청년들의 실제 현실과 마음에 귀를 기울이고 제도적 장치의 마련을 통해 해결해 나가야 할 사회적 문제가 되었다는 것을.

게임과 유튜브로 세상과 만나는 아이들

나는 지난 몇 해 동안 행복공장이 은둔 청년을 만나고 여러 상담·치유 프로그램을 펼치며 축적해 온 고민과 시도를 가까이에서 지켜보았다. 가족상담사로서 다양한 고통의 스펙트럼을 품은 가족과 청년들을 만나 왔지만, 최근의 은둔 청년 사례는 또 다른 새로운 질문들을 내 앞에 던져주었다. 상담하면서 만나게 되는 수없이 많은 청년들의 문제들 속에서 이들 은둔 청년들은 무엇이 같고, 무엇이 다를까. 우리 사회는 어떤 길을 찾아나서야 하는가.

같은 점을 더듬어 가다 보면, 중고생들에게서도 공통적으로 발견되는 문제인 게임 중독과 스마트폰 과다 사용의 패턴을 찾을 수 있다. 코로나 팬데믹 기간 동안 외부로 나가지 못해 온 가족이 한 공간에 함께 지내면서, 부모는 잠시의 평온을 얻기 위해 아이의 휴대폰 사용을 방치하곤 했다. 휴대폰을 쥐여주면 아이들이 조용해지니, 그 방관이 습관이 된 것이다. 코로나가 지난 후에도 여전히 그렇다. 오히려 그 나이는 점점 어려지고, 요즘은 말도 제대로 못 하는 아이들에게도 휴대폰을 쥐여주는 모습을 본다.

부모와의 대화 혹은 함께하는 여가활동이 사라진 곳마다, 아이의 마음자리 한 귀퉁이가 엄마 아빠로부터 조용히 유튜브와 게임에 내어지고 있다는 사실을 어른들은 심각하게 인지하지 못한다. 은둔·고립 청년이 아니더라도 아이들에게 방은 더없이 안전한 피난처가 되었다. 그 안에서는 누구의 방해도 받지 않은 채 원 없이 게임을 할 수 있고, 지치면 자고 일어나면 또 하는 늪과 같은 세계로 쉽게 빠져들 수 있다. 아이들은 유튜브와 게임에서 말을 배우고, 세상과 접속하고, 위로를 얻는다.

"하루에 유튜브를 몇 시간 보나요?"라는 질문에, 자고 먹고 간헐적으로 몸을 움직이는 시간 외에는 대부분이라고 답하는 내담자들에게 나는 섣불리 금지나 제한을 말하지 않았다. 시간을 줄이라고 해봤자 눈 가리고 아웅일 것을 뻔히 알기에, 대신 "유튜브보다 더 재미있는 것을 찾아보자"고 제안했다.

청소년들이 가족들과의 시간보다, 학교에서 친구들과 노는 것보다 유튜브와 게임이 더 재미있기 때문에 그것에 더 많은 자리를 내어주는 것이다. 군인들에게 휴대폰을 허락하자 후임들을 괴롭히는 일이 확연히 줄어들었다는 통계도 있지 않은가.

다만, 비슷한 환경과 경로를 통해 사회화에 어려움을 겪거나 문제를 일으키는 청소년들의 사례와 달리, 은둔·고립 청년들은 그 화살을 부모나 외부인에 대한 공격이 아닌 자신에게로 돌리는 방식으로 은둔을 선택한다. 심지어 고립을 택한 후에도 그들의 섬세한 감수성은 끊임없이 약하고 부끄러운 자신을 자책하며 수치스러워한다.

일반 사람보다 섬세한 결을 가진 이들이 대부분이기에, 그 솜털 같은 섬세함으로 타인의 말 한마디, 표정 하나에도 더 민감하게 반응하고 더 깊은 상처를 받는다. 자신을 기다려주지 못하는 상황을 만나면 '기다려 달라'고 말하지 못하고, 속도를 따라잡지 못한 자신을 탓한다. 그래서 그들은 자신을 보호하기 위해 외부를 공격하는 대신, 자신을 가리는 방식으로, 먼저 스스로를 철수시키는 길을 택한다. 무엇보다 가족과 자신에게 중요한 사람들이 자신을 바라보는 시선에 결정적으로 흔들리는 경우를 많이 본다. 따뜻한 시선과 기다림이 부족할수록 그들의 마음은 더 빨리 닫혀버린다.

대물림되는 결핍, 숨겨지는 불안

가족 상담사로서 살펴본바, 청년들이 일탈에 빠지거나 은둔에 들어가게 된 배경에는 공통점이 있다. 세상에 완벽한 부모는 없겠지만, 부모 자신이 어린 시절에 건강한 애착 형성을 충분히 이루지 못한 경우, 그 결핍이 대물림되어 자녀에게 정서적 돌봄을 제대로 제공하지 못하고 오히려 상처를 주는 일이 많다.

은둔 청년들은 더 섬세하기 때문에 부모가 말로 표현하지 않더라도, 이미 공기의 진동만으로도 가정의 불안을 먼저 감지하며 먹고 자란다.

여기에 더해, 부모와의 감정 표현과 수용이 이루어지지 않는다면, 시야가 좁은 아이는 가정에서 일어나는 문제를 '구조적인 문제'로 보지 못하고, '내가 못나서 그렇구나'라며 자신에게 원인을 돌리고 수치심을 갖는다. 힘들어도 그것이 부모의 잘못이라고 항변하지 못하기 때문에, '내가 잘못해서 부모에게 사랑받지 못하는 거야'라며 자신의 존엄을 스스로 낮추게 된다.

어린 시절부터 축적된 수치심은 밑바닥의 진흙처럼 켜켜이 쌓이고 가라앉아, 성장하면서 만나는 수많은 장면마다 되새김질되며 그 자신을 흔든다.

폭력, 해체, 빈곤, 방치 등 상담실에 들어오는 사연들은 모두 다르지만, 어딘가 닮아있다. 부모 중 한 사람 혹은 둘 다 알코올 중독 상태에 있거나, 생존의 벼랑 끝에서 정서적 돌봄을 미룰 수밖에 없었던 경우, 혹은 정서적 학대를 겪은 부모가 자신의 어려움을 자녀에게 푸는 사례 등이다.

'아이들이 뭘 알겠어. 말 안 하면 모를 거야'라는 어른의 가정假定은 종종 오만이며 착각이다. 아이들은 말이 아닌 표정, 동작, 목소리의 떨림만으로도 모든 것을 가장 먼저 알아챈다. 솔직한 고백보다 숨겨진 불안이 아이를 더 불안하게 만들고, 공포를 증폭시킨다.

차라리 가족의 현실을 솔직히 이야기로 들려주는 편이 아이들의 불안을 덜어줄 수 있을 텐데, 많은 부모들은 '아이들은 모를 거야'라며 가리려 한다. 그리고는 말과 행동, 표정으로 은연중에 아이들에게 거칠게 화를 내며 자신의 힘듦을 드러낸다.

자신이 무엇을 겪고 있는지도 모른 채 지속적으로 분노에 노출되거나, 부모나 주양육자의 돌봄 없이 방치된 채 자라는 경우, 아이는 스스로 자신의 가치를 매우 낮게 여기는 사람으로 각인된다. 그렇게 오랫동안 '나는 가치 없는 존재야'라는 인식이 반복적으로 새겨지면, 어떤 아이는 밖을 향해 뛰쳐나가고, 또 어떤 아이는 안으로 더 깊이 침잠해 스스로의 방을 감옥으로 만든다.

다른 사람들이 자신을 있는 그대로 받아줄 것이라는 기대가 없고, 반항할 내면의 힘조차 약해지면, 남는 것은 자기혐오뿐이다. 자신을 괴롭히며 산송장처럼 살아가는 환경을 스스로 만들고, 스스로 그 늪에 빠진다. 그렇게 어느 순간, 더 이상 엉켜 있는 내면을 풀 시도조차 하지 못한 채 무기력의 늪으로 빠져버린다.

특히 은둔·고립 청년의 경우, 이 모든 과정에서 되풀이되는 정서가 있다. 수치심, 눈치, 자존감 상실, 자기비하, 죄책감, 그리고 자살 충동… 이 모든 고통의 감정들은 어디서 비롯되는가. 나는 근본적으로, 부모가 생애 초기에 심어주어야 할 '애착의 모자람'에서 시작된다고 본다.

여기서 비롯된 '나는 잘못된 사람이다'라는 인식은, 살아가며 마주치는 자극마다 되새겨지며 생각의 고리에 갇히는 패턴을 만든다. 자신을 보는 관점이 바뀌지 못한 채 그 고리 안에서 반복되면, 결국 '나는 없어지는 편이 가족과 사회에 도움이 되지 않을까'라는 극단적 자학으로 향하거나, '이 자극이 난무하는 세상에서 벗어나 나를 해방시키겠다'는 잘못된 자기보호 형태로 이어진다.

상담 현장에서 만난 청년들은 저마다 다르지만, 공통적으로 눈을 똑바로 마주치지 못하고 두려워하는 눈빛을 보였다. 상담실 문을 여는 순간부터 그들의 눈동자에는 긴장과 경계가 가득했다. 조금만 다가가도 당장 숨을 것 같은 기척이 느껴졌다. 마치 달팽이가 겨우 밖으로 나와 주변을 살피다가 언제든 껍질 속으로 다시 쏙 들어갈 것 같은 상태였다.

말없이 한걸음씩

이들을 일반 청년처럼 대하면 마음을 열기가 어렵다는 사실을 절감했다. 이들은 마치 극도로 내향적인 중학생을 대하듯 다가가야 비로소 마음을 연다. 그래서 구두 상담도 중요하지만, 그보다 먼저 그들이 마음을 편히 열고 말문을 트게 하는 사전 단계가 필요했다.

모래놀이, 놀이치료, 미술치료, 동물인형 상담, 사진치유 등 다양한 도구를 사용한 상담 활동은 매우 도움이 되었다. 이런 도구들은 상담자에게는 내담자의 무의식에 접근하는 통로가 되고, 내담자에게는 말을 하지 않아도 부담 없이 자신을 드러낼 수 있는 수단이 된다.

구두 상담은 그다음이다. 언어로 소통할 준비가 될 때까지, 내담자 한 사람 한 사람에 대한 숙고와 맞춤형 프로그램 개발이 지속되어야 한다.

오랜 기간 상처받아온 마음은 회복에도 긴 시간이 필요하다. 조급하지 않게, 천천히, 긴 호흡으로 마음을 함께 들여다보며 기다려주어야 한다. 초반에는 청년들이 은둔에서 나오기까지도 꾸준한 상담이 필요하고, 이러한 초기 상담비용은 국가나 자치단체 등에서 지원받을 기회가 상당히 있다.

문제는 은둔에서 나와 완전히 회복되기까지의 비용이다. 상담의 지속 가능성은 비용 문제와도 직결된다. 심리상담을 꾸준히 받는다면, 은둔·고립 청년이나 그 가족이 감당하기에는 결코 적지 않은 금액이다. 한 번은 상담센터 측과 논의 끝에 최소한의 비용만 받기로 하고, 내담자의 동의하에 상담을 시작했음에도, 할인받은 비용조차 부담스러워하며 미안한 마음으로 오는 내담자를 보면서 정말 마음이 아팠다.

한동안 상담을 오지 않던 내담자를 보며, 혹시 상담비를 정당히 지불하지 못한 데 대한 부담감 때문은 아닐까 싶어, 수도회에 청년 상담 지원을 요청했다. 다행히 20회기 상담비를 지원받게 되어 그 소식을 전했더니, 다시 만난 내담자의 표정과 태도는 한결 적극적이고 당당해졌다.

이렇게 맑은 마음이라니. 요즘은 무료이거나 할인받는 상담에 무심히 오는 사람들도 많지만, 그들은 오히려 투명하고 순한 마음을 지닌 존재들이었다. 나는 다시 한번 그들의 진심을 느꼈다.

일본이 겪었던 사회적 고민의 시간

'히키코모리'라는 말 자체가 일본에서 태어났듯, 일본 사회는 30여 년에 걸쳐 이 현상을 둘러싼 집단적 고민과 사례 연구, 그리고 실질적 대응을 차곡차곡 축적해 왔다. 오늘의 일본 내 지원 정책과 전달 체계는 그렇게 오랜 시간의 시행착오와 학습 위에 세워진 결과물이다.

우리나라는 아직 초기 단계다. 무엇이 옳고 그르다고 단정하기보다는, 손길이 필요한 사람이 빠르게 늘어나는 현실 앞에서 마음이 조급해질 뿐이다. 이들에 대한 심도 있는 분석과 공감의 토대, 그리고 그에 근거한 체계적 지원책을 놓고 사회적 합의를 넓혀 가는 작업이 아직 충분하다고 보기 어렵다.

우리가 필요로 하는 것도 단 하나의 정답이 아니다. 각자의 속도와 사정을 반영한 맞춤형 접근, 그리고 그 경험을 꾸준히 기록·공유하는 축적의 시간이다. 금전적 지원만으로는 모자랄 때가 많다. 실제로 지원을 받아 상담을 시작하고도, 과정에서 더 큰 상처를 입거나 '상담' 자체에 대한 두려움이 생긴 사례도 있다. 도움의 방식이 섬세하지 않으면 선의가 상처로 되돌아올 수 있음을 잊지 말아야 한다.

발달장애나 자폐 스펙트럼 대상 상담이 특화되어 있듯, 은둔·고립 청년을 대하는 방법 또한 그들의 속도와 언어에 맞춰 세밀하게 설계되어야 한다. 목표는 '문밖으로 나오게 하는 것'에서 멈추지 않는다. 바깥으로 나온 이후에도 끈기 있는 소통과 지속 상담이 이어져야 하며, 특히 사회 적응을 위한 직업적 연계가 핵심이다. 서두르지 않고 기다려주는 '담아둠'의 태도, 인내를 전제로 한 준비된 일자리가 함께 마련될 때 비로소 회복이 생활이 된다.

　결국 이 문제는 어느 한 기관, 한 분야만의 과제가 아니다. 학계·현장·기업·종교·지역사회·정부가 손을 맞잡아 공통의 언어를 만들고, 서로의 자원을 이어 붙여야 한다. 그러할 때, 우리는 개인의 고립을 사회의 연결로 바꾸는 길을 조금씩, 그러나 확실히 열 수 있을 것이다.

천천히, 오래, 담아둠의 시간

은둔·고립 청년들과 마주 앉을 때면, 먼저 스스로의 주의점을 점검한다. 이들을 향한 심리상담의 경험치와 결과, 혹은 부작용에 대한 분석 데이터가 우리나라에는 아직 넉넉하지 않다. 당연히 상담가들 역시 '어떻게 접근하는 것이 바람직한가', '어디서부터 위험해지는가'를 두고 깊이 고민한다.

　접근의 결도 달라야 한다. 중학생 또래의 말하기를 어려워하는 내담자에게 다가가듯, 섬세함과 기다림의 인내가 절실하다. 이론서의 인지적 접근이나 분석 중심의 시야만으로는 그 마음의 심연까지 닿기 어렵다. 엄마가 전부인 아기가 엄마의 미세한 변화에도 예민하듯, 그들의 내면 또한 그러한 예민함으로 바라봐야 한다. 다양한 언어 방식을 이해하려는 인내와 호기심, 그리고 긴 호흡의 노력이 필요하다.

　때가 무르익으면 스스로 열리는 시간이 온다. 그때까지는 그들의 속도에 맞춰 바라봐 주고, 기다려주고, 마음에 담아 두는 오랜 과정이 필수다. 기존의 성인·아동 대상 상담과는 다른 결과와 결을 요구하기에, 나를 비롯한 많은 심리상담사에게 이 일은 여전히 도전이자 숙제다.

'어린이도 아닌데 웬 모래놀이인가'라고 묻는 이가 있을지 모르나, 모래놀이는 모자 관계의 회복성을 돕고, 소품을 놓는 과정에서 무의식이 안전하게 표현되도록 하여 응어리진 감정을 풀어내는 데 유용하다. 45분 동안 굳이 말을 하지 않아도, 내담자가 주도해 세계를 만들어가기에 창조성과 자율성을 회복하는 데에도 도움을 준다. 그 흐름 속에서 상담자는 융의 분석심리학을 토대로 의식과 무의식의 상호작용을 해석하며, 내담자의 현실과 변화의 궤적을 함께 걷는다.

사진치유 프로그램은 카메라의 앵글을 통해 접근 가능한 주제를 제시함으로써, 서로의 마음이 만나는 '포토노이아'적 접속을 가능하게 한다. 동물 인형을 통한 자아 찾기, 동물 사파리를 통한 대인관계 탐색, '양떼를 지켜라'와 같은 프로그램은 은연중 자기 통찰의 문을 연다. 인형을 활용한 '가족 세우기' 또한 그들의 자리에서 안전하게 마음을 여는 데 큰 도움이 되었다.

회복의 시작과 끝을 고민하며

우리나라에서도 은둔·고립 청년 문제를 둘러싼 여러 화두가 생겨나고 논의가 이어지고 있지만, 그중 함께 깊이 생각해 볼 질문이 있다. 은둔·고립 청년의 회복에서 가장 중요한 순간은 무엇인가. 그리고 회복의 기준점은 어디에 두어야 하는가.

나는 회복으로 가는 가장 중요한 순간을 이렇게 상상한다. 내담자가 자기 안에 깊이 얼어붙은 '내면 아이'를 만나, 그 아이의 눈을 바라보고 이름을 불러 주며, 마침내 친구가 되어 주는 순간. "이제 내 삶의 주인은 나야"라고 조심스럽지만 분명하게, 스스로에게 선언할 수 있는 그때, 나는 회복이 비로소 시작된다고 믿는다.

문제는 세상이 그 결심의 속도를 잘 기다려주지 않는다는 데 있다. 죽을힘을 다해 방에서 한 걸음을 내디뎠을 때, 세상은 이미 급속도로 앞질러 달아나 있다. 자신은 천천히 적응해야 하는데, 그 속도를 기다려주는 눈빛과 마음이 부족하다는 사실을 확인하는 순간, 많은 이들이 다시 익숙한 자리(은둔의 자리)로 돌아간다. 적응의 속도를 기다려주는 일터와 사람이 부족하기에, '차라리 내 방으로 돌아가는 게 낫겠다'라는 생각이 고개를 든다.

그래서 나는 사회·기업·정부가 함께 마련해야 할 자리를 상상한다. 용기를 내어 밖으로 나온 청년들이 숨을 고를 수 있도록 속도를 잠시 낮춰 주는 일터, 관계에서 실패를 배우더라도 다시 설 수 있도록 격려하는 제도, 마음이 부서졌을 때 '잠시 쉬어도 괜찮다'라고 말해주는 공동. 그 모든 것이 지금 우리 사회에 절실하다.

그렇다면 회복의 기준은 어디에 둘 것인가. 나는 그것을, 자신의 감정과 마음을 알아차리고 그 마음과 함께 머물며, 다른 사람에게 있는 그대로의 나를 표현할 수 있을 때라고 본다. 은둔의 시간이 더 이상 상처의 시간이 아니라, 앞으로의 삶을 떠받쳐 줄 보물 같은 시간으로 재해석되는 순간, 그때 우리는 비로소 그것을 '회복'이라 부를 수 있지 않을까.

아직 우리 사회의 다수는 은둔·고립 청년의 문제를 여전히 개인이나 가족의 문제로 한정해서 본다. 사회 구조적 문제나 교육의 문제로 바라보는 시선은 많지 않다. 그러나 한 가족의 문제는 곧 사회의 문제다. 대물림만의 문제가 아니듯, 사회와 연결되어 살아가는 한 누구도 그 책임에서 완전히 자유로울 수 없다.

학교·취업·인간관계의 문턱 앞에서 거듭 부딪히고 돌아서는 청년들에게, 우리는 어떤 다리를 내어 줄 수 있는가. 돌이킬 수 없는 지점에 이르기 전에, 우리는 먼저 그들의 마음을 살펴야 한다. 일본과 다른 나라들의 사례를 차분히 관찰하고 직접 답사하여, 우리에게 맞는 지원책을 만들어야 한다. 무엇보다 누가 주체가 될 것인가를 분명히 해야 한다. 지원하는 쪽의 사업 논리로 그치지 않도록, 처음의 마음이 끝까지 흐트러지지 않도록, 학계·기업·기관·종교계·정부·지역사회가 각자의 자리에서 이해를 시작해야 한다. 당사자 한 사람 한 사람의 자립과 성장을 위해 무엇이 필요한지, 그들의 목소리로 듣고, 함께 고민하며, 실천으로 옮겨야 한다.

나는 오늘도 기도 속에 그들의 얼굴을 떠올린다. 선하고 맑은, 상처받은 청년들. 말없이 모래를 만지고 인형을 움직이며, 자신과의 조용한 화해를 이루어 가는 그들.

나는 믿는다. 그들이 다시 맑게 웃으며 나올 날들을. 아직 먹먹한 어둠 속에서 힘들어하는 청년들과 그들을 바라보며 고통받고 있을 가족들에게 말해주고 싶다. 지금 이 길은 아득하고 멀어 보이지만, 가야 할 길이며 갈 수 있는 길이라고. 그리고 우리는, 함께 걸을 수 있다고.

PS. 특별히 마음을 담아, 가족들에게

오랜 시간 함께 고통의 늪 속에서 버텨내느라 얼마나 고단하셨을까요.
나오고 싶어도 빠져나올 방법을 몰라 수렁 속에 갇힌 청년들에게,
'너에게는 기다리는 부모가 있고, 응원하는 가족이 있다'는 것을
한마디 말과 짧은 메시지로 가만히 전해주세요.
그들에게 필요한 것은 혼자가 아니라는 느낌이니까요.
그리고 이 순간은, 반드시 지나간다는 사실을 잊지 마세요.

4장 춥지만, 춥지 않은 겨울바다에서
더 늦기 전에 우리가 해야 할 일

• 닫힌 문, 함께 열며 | 노지향

저절로 열리는 문은 없다. 손을 내미는 사람이 있고, 그 손을 붙잡을 용기가 더해질 때 길은 열린다.

4부는 이 길을 더 멀리 이어가기 위해 우리에게 무엇이 필요한지를 말한다. 문 앞에서 멈춰 선 이들, 우리와 함께 가자. 혼자 가는 길은 멀고 춥지만, 함께라면 늦지 않게 바다에 닿을 수 있다.

> 닫힌 문, 함께 열며

감옥을 닮은 성찰 공간

이 책에는 그동안 행복공장이 만났던 청년들의 이야기, 그리고 오랜 시간 행복공장과 함께해온 믿을 만한 '어른'의 목소리를 담고자 했다. 이 장에서는 행복공장에 대해 조금은 상세히 이야기하려 한다. 이 책을 접하는 독자들이 행복공장을 이해하고 신뢰할 수 있도록. 그러면 이 세상을 조금이라도 더 살만하게 만들고자 하는 행복공장의 여정에 길동무가 늘지 않을까, 우리 청년들의 든든한 뒷배가 많아지지 않을까 하는 마음에서다.

행복공장은 2009년 나의 남편 권용석과 내가 함께 세운 비영리 사단법인이다. '성찰과 나눔으로 행복한 세상 만들기'. 행복공장을 통해 그 일을 하고자 했다. 너무 거창하지 않나? 종교나 내걸 수 있음직한 선언 아냐? 그래도 하기로 했다.

> 잠시 멈출 수 있다면
> 바라볼 수 있다면
> 나눌 수 있다면
> 행복은 멀리 있지 않습니다
>
> 나를 돌이켜보고 깨닫는 일
> 이웃을 돌아보고 가진 것을 나누는 일
> 함께하고 싶습니다

자신을 살피는 일, 그리고 이웃과 나누는 일. 성찰과 나눔을 두 개의 축으로 행복공장을 돌리기로 했다. 행복공장 구상 초기부터 제일 중요하게 생각한 것은 성찰 전용공간을 만들어 그곳에서 성찰 관련 프로그램을 운영하는 것이었다. 우리가 생각하는 공간은 감옥 독방을 차용한 형태였다.

이 아이디어의 시작은 행복공장을 세우기 10년 전으로 거슬러 올라간다. 검사이던 남편이 일에, 인간관계에, 술에, 담배에 옴짝달싹할 수 없어 죽을 만큼 힘들었던 시절, 사직이나 여행, 템플스테이, 피정 등의 선택이 쉽지 않았던 그때, 남편은 교도소 독방을 떠올렸다. 거기에 가서 딱 1주일만 있으면 좋겠다 했다. 그게 발단이었다. 일상에서 이리저리 치이고 힘들 때 모든 걸 끊고 들어가 쉴 수 있는 곳, 교도소처럼 강제 멈춤을 시켜줄 수 있는 곳, 그런 곳을 만들고 싶다고 했다. 이 씨앗이 10년 후 행복공장으로 발아했고, 사람들이 와서 잠시 멈추고 쉬면서, 자신과 만나고 자신을 돌아볼 수 있는 곳, 무언가를 알아차리고 회복할 수 있는 곳, 일종의 명상센터 같은 공간, 교도소 독방 형태의 수련원을 홍천에 짓게 되었다.

    교도소 독방과 비슷한 크기의 방이 32개. 문은 밖에서 잠글 수 있고 문에 배식구까지 달린, 외양은 영락없는 교도소 독방이다. 건물 이름도 '내 안의 감옥'. 언뜻 강제와 억압의 공간 같지만, 이곳에 머물러 본 사람들은 말한다. 무엇의 방해도 누구의 간섭도 받지 않고 오롯이 자신과 마주할 수 있는 고요의 공간, 세상이라는 감옥으로부터 나를 지켜주는 안전지대, 해방공간이라고. 나를 가두어 자유를 느끼는 역설의 공간이 생겨났다.

    수련원 건축은 시민 모금 덕분에 가능했다. 당초 우리 내외가 감당할 수준으로 지으려 했었는데 어찌하다 보니 우리의 전 재산을 넣어도 할 수 없는 규모가 되었고 우리 두 사람의 부모, 형제, 친구, 또 친구의 친구…. 많은 분들의 도움으로 완공할 수 있었다. 돌이켜 생각하면 기적과 같은 일이었다.

2013년 수련원 문을 연 이래 행복공장의 거의 모든 프로그램은 이곳에서 진행되었다. 모두 숙박 형태로 짧게는 1박 2일, 길게는 일주일 프로그램이었다. 주요 프로그램은 예술치유와 명상 등 단체 활동 그리고 독방에서 고요히 자신을 만나는 시간으로 구성된 힐링캠프다. 소년원생과 그들의 가족, 공무원, 청소년, 청년, 장애인, 쉼터 청소년, 은둔 청년, 돌봄가족 등 다양한 이들이 참여했다. 연중 30회에서 50회가량의 캠프가 열렸고 회당 20명 내외가 참여했으니 1년에 500명만 잡아도 지난 12년간 6,000여 명이 행복공장 홍천수련원을 다녀갔겠다.

> 행복공장은
> 예술, 치유 및 성찰 프로그램 운영을 통해
> 사회 구성원들이 보다 건강하고 행복한 삶을 누리게 하고
> 나아가 우리 사회의 행복 증진에 기여하는 것을 목적으로 함

행복공장의 설립 취지이다. 모든 사람이 행복하길 바라지만 그중에서도 청소년, 청년 등 젊은 세대가 조금이라도 더 행복해지는 데 보탬이 되면 좋겠다 생각했다.

은둔 청년과 함께

6여 년 전 '은둔 청년'이란 용어를 처음 접했을 때 적잖이 충격을 받았다. 며칠, 몇 달도 아니고 몇 년, 심지어 십 년 넘게 방에 스스로를 가둔다고? 이 청년들을 만나야겠다고 생각했는데 그들을 만나 연극 할 기회가 생겼다.

은둔 경험이 있는 청년들 여남은 명이 연극을 하기 위해 모였다. 이전에 연극을 해본 경험을 가진 이는 아무도 없었고 연극과 친숙한 청년도 거의 없었다. 대부분 건강이 좋지 않았고 약을 먹는 청년들이 많았다. 그럼에도 내가 30여 년 가까이 연극을 하며 만난 누구보다 열심이었다. 신체적으로 많이 힘들어 보였고 감정적으로도 많이 부대꼈음에도 눈물날 정도로 긴 시간 몰입했다.

우리의 연극은 미리 정해진 대본이 없다. 참가자들이 자신의 이야기를 꺼내고 그 이야기들을 엮어 연극을 만들어가는 공동창작 형식을 띤다. 따라서 일반적인 연극에 비해 감정 소모가 무척 크다고 할 수 있다. 또한, 여러 날 온종일 연극 만드는 일에 몰두하기 때문에 심리적으로 신체적으로 무척 에너지를 많이 쓰는 과정이기도 하다. 누구에게도 결코 만만한 일이 아닌 연극 여정에 은둔을 3년에서 10년 이상 했던 청년들이 힘들다는 한마디 없이 밤늦도록 매달렸다. 마치 잃어버린 시간을 보상이라도 하려는 듯이.

100여 시간의 연극 워크숍을 거쳐 완성된 연극이 〈비더피스〉였다. 한 명이 중도 포기했고 나머지 청년들은 무대에 올라 중극장을 가득 메운 관객 앞에 섰다. 공연은 대성공이었다. 무대 위 청년들의 진심과 열정은 객석의 은둔 청년들, 그들의 가족 그리고 그들을 응원하는 많은 시민들의 호응을 끌어내기에 부족함이 없었다.

공연이 끝난 뒤 알게 된 사실 하나. 참가자 전원이 공연 당일 공연장에 가지 말까를 심각히 고민했다는 것이다. 지난 30여 년간 내가 만나 연극 작업했던 어느 집단도 그런 적은 없었다. 무대 오르기 직전 몹시 긴장되고 떨린다고 한 사람들은 물론 있었지만, 공연 날 공연장에 안 올 결심을 했다는 말은 들어보지 못했다. 그만큼 마음이 여려서였을까. 한두 명도 아니고 전원이라니! 큰일 날 뻔했다.

행복공장의 프로그램 - 연극치유캠프

〈비더피스〉 이후, 행복공장은 은둔 청년과 그들의 부모와 함께 하는 프로그램에 더 집중하게 되었다. 정부와 기업의 후원을 받아 다양한 프로그램을 진행했다. 홍천수련원에서 하는 연극치유캠프가 많았고, 1년에 1번꼴로 〈비더피스〉와 같이 청년들 자전적 연극 공연을 무대에 올렸다.

연극치유 프로그램은 주로 2박 3일 캠프 형식으로 진행되었고, 더러 1박 2일, 3박 4일 캠프도 있었다. 대부분 프로그램의 구성과 내용은 비슷하다. 놀이, 치유연극, 명상, 선배와의 대화 같은 집단 활동 부분과 각자 방('내 안의 감옥'이란 이름의)에서 혼자만의 시간을 보내면서 자신을 마주하고 자신에게 필요한 것을 찾아보도록 하는 부분으로 구성되어 있다. 다양한 놀이를 하며 아이처럼 웃기도 하고 연극적인 방식으로 감정을 표현해보고, 공동의 주제로 만든 연극을 발표하기도 한다. 이 과정을 통해 몸과 마음의 긴장이 풀리고 카타르시스를 느낄 수도 있고 위로와 공감을 받기도 한다. 더불어 각자 안에 꽁꽁 얼어있던 나쁜 기억, 상처를 녹이기도 하고 연극이라는 예술 형식을 통해 자신의 상황을 객관적으로 볼 수 있게도 된다.

처음엔 대부분 연극에 대해 부담을 느낀다. 하지만 거의 모든 참가자들은 자연스럽게 자신을 표현하고 연극 만들기에 참여하고 공연까지 해낸다. 스스로 놀랄 정도로! 이렇게 할 수 있는 건 무엇보다 강사들의 역량과 사랑 덕분이라 생각한다. 행복공장 예술치유 프로그램은 보통 15~20명 참가자에 프로그램 총괄 진행은 내가 맡고 연극강사 서너 명, 명상강사 등이 함께한다. 10년 넘게 함께 한 우리 강사들은 연극에 대한 전문성이 높을 뿐 아니라 사람에 대한 또 프로그램에 대한 진정성이 남다르다. 긴 세월 비슷한 내용의 프로그램을 자주 하다 보면 매너리즘에 빠질 법도 한데 매번 참가자 한 사람 한 사람을 새롭게 대하고, 항상 새롭게 프로그램에 집중한다. 정말 감사한 일이다.

2부에 나온 YB가 2년 전인가 2박 3일 프로그램에 참여하러 왔던 때가 기억난다. 지인의 권유로 마지못해 온 것이 분명했다. 식사도 거의 하지 않았고, 프로그램에도 소극적이었다. 그래도 어찌어찌 프로그램을 마치고 YB는 연극만 아니면 다시 오고 싶다고 했다. 그러더니 얼마 안 있어 프로그램에 또 왔다. 연극은 역시 부담스럽다고 했는데, 조별 공연 전날 밤, 연극강사 방에 찾아가 이런저런 아이디어를 내며 연극 연습을 하자고 했다 하고 다음 날 발표에서 모두를 놀라게 했다. 너무 잘해서! 이후 세 번째 참가에선 더 적극적으로 연극을 했고, 심지어 인터뷰에서 연극을 해보니 좋은 점이 많다며 모두에게 꼭 해보라고 추천까지 했다.

  2부에 소개된 백지도 연극을 힘들어했던 청년 중 한 명이다. 바로 옆에서도 말을 알아듣기 어려울 정도로 작은 목소리로 조심스럽게 이야기하는 사람이었으니 스스로 격한 감정을 표현하는 것은 물론 큰 소리를 듣는 것도 힘들어했다. 이런 상황에 맞닥뜨리면 늘 머리가 아프다고 했다. 그러던 백지가 1년 반여 지난 지금은 큰소리치고 때리는 연기뿐 아니라 긴 머리를 풀어헤치고 헤드뱅잉 하며 노래하는 장면까지 시도할 수 있게 되었다. 자신을 드러내고 표현하는 게 여전히 쉽지 않아 보이지만, 어려운 상황을 피하지 않고 그것과 담담히 맞서 넘고 있는 백지가 참 멋지고 고맙다.

생활연극전문가 과정

앞에서 말한 〈비더피스〉처럼 100여 시간의 연극 워크숍을 거처 극장 공연으로 마무리되는 '생활연극전문가과정'을 은둔 청년들과 1년에 한 번 정도 진행했다. 청년들이 왜 스스로를 방에 가두게 되었는지, 어렵사리 방에서 나왔는데 왜 다시 재고립, 재은둔하게 되었는지, 출구 없는 루프에 갇힌 청년들의 상황을 그린 〈출구 없는 방〉. 은둔을 어느 정도 극복한 청년들이 자신의 은둔 경험을 실패가 아닌 자산으로 삼아, 비슷한 처지의 청년들을 돕고 자신들의 공동체를 만들어가는 〈우리가, 우리를〉. 참여 청년들의 용기와 열의, 진정성으로 주옥같은 작품들이 탄생했다.

〈우리가, 우리를〉은 '안무서운회사'를 모티프로 했다. 승규, 초롱 등 은둔 경험이 있는 청년 몇 명이 은둔 당사자와 부모를 돕겠다고 회사를 차리고 고군분투, 독립운동하듯 일을 했다. 나는 그들을 보물이라 불렀고 한편으로 늘 그들이 염려스러웠다. 연극을 만들 당시에 저러다 무슨 일 나겠다는 생각이 들 정도로 압박이 심해 보였다. 그들의 이야기를 연극으로 다루면 일단 그들에게 좋겠다 싶은 생각이 들었고 비슷한 경험을 한 다른 청년들도 공감할 수 있는 내용이라고 생각되었다. 공연 내내 얼마나 울었는지 승규는 연극이 끝나고 나서도 눈이 벌겠다. 그들이 현실에서 받는 압박, 압력이 연극을 통해 한 김 빠지기를 기대했었는데 어땠는지는 모르겠다.

연극을 만드는 과정에서 청년들은 많이 치유되고 회복되었지만, 공연 당일 관객들의 호응에서 더 많이 힘을 얻는 것 같았다. 은둔 경험이 있는 관객들은 무대 위 청년들의 이야기에 공감하고 여러 사람 앞에서 자신을 드러낸 용기에 진심으로 박수를 보냈고 자신들도 연극에 참여해 보고 싶다고 했다. 은둔 청년의 부모들은 부러움에 눈물 흘리면서도 누구보다 청년들을 지지하고 응원했다. 일반 관객들은 '은둔'이라는 문제를 처음으로 가까이 느끼며 문제를 해결하는 데 힘을 보태고 싶다고 했다. 대부분의 관객은 작품의 완성도, 청년 배우들의 진정성, 몰입도에 감동했다. 청년들이 연극을 통해 세상 밖으로 한 발 더 나온 순간이었다.

은둔 청년 부모 캠프

은둔 청년들과 하는 연극치유 캠프나 공연 외에도, 은둔 청년의 부모 캠프, 청년과 부모가 함께 하는 캠프를 진행했다. 부모님들 캠프는 더 가슴 아팠다. 캠프에 오신 부모님들은 스스로를 죄인으로 여기는 듯했다. 자식들이 은둔한 것을 모두 자신들의 잘못으로 생각했고 프로그램에 참여하는 것도 조심스러워했다. 자식이 저러고 있는데 내가 웃어도 되나… 이런 식이었다.

그래도 비슷한 처지의 부모님들끼리 만나 어디에서도 털어놓기 힘든 속내를 터놓고 울고 웃고, 서로 위로하고 하면서 많이 가벼워졌다고 했다. 하지만 가슴속 꽉 들어찬 바윗덩이를 두고 어떻게 가벼워질 수 있으랴. 그래도 뭐라도 해야 하기에 부모들은 자식을 이해하기 위해, 또 자신들을 담금질하기 위해 여기저기 다양한 프로그램과 교육을 찾아다닌다. 행복공장 프로그램에도 그렇게 해서 오게 되었겠지. 2박 3일 캠프를 서너 번 참여한 분도 여럿이고, 그 이상 참여한 분도 있다. 수년간 많은 은둔 청년과 부모님들을 보면서 이 은둔이란 문제는 한 개인, 한 가족이 해결할 수 있는 문제가 아니라는 걸 확인한다. 하루 이틀, 한두 달도 아니고 몇 년을 굳게 닫힌 자식의 방문 앞에서 부모가 할 수 있는 게 무엇이 있을까. 그 막막함, 불안감, 절망감을 어찌 안다고 할 수 있으랴. "그냥 믿고 기다려 줘야죠." "제 삶을 잘 살아야 한대요." 행복공장의 치유 캠프에 와서 숨이 쉬어진다며 맑게 웃으며 이야기하는 그들에게 우리는 무엇을 할 수 있을까. 그들과 함께 그들을 위해서, 또 우리를 위해서 무엇이라도 해야 하지 않을까.

가족 캠프

청년과 부모가 함께 참여하는 캠프도 열었다. 하지만 한 가족이 참여하는 게 아니라 은둔 청년의 부모님들과 다른 집의 청년들이 함께하는 방식이었다. 아직 서로를 받아들일 준비가 안 된 가족 구성원이 길지도 않은 프로그램에서 맞닥뜨렸을 때 서로에게 실망하거나 상처 주거나 갈등이 심해지거나 하는 상황이 예상된 터라 그보다는 다른 집 자식, 다른 집 부모와 함께 프로그램에 참여하는 것이 여러모로 나을 것 같았다. 우리는 제일 가까운 사람에게 제일 함부로 하지 않는가. 결과는 기대했던 것 이상이었다. 청년과 부모, 모두 서로를 존중하고 상대의 이야기에 선입견 없이 귀 기울였다. 청년들은 다른 집 부모들을 통해 자신의 부모를 이해하게 되었다고 하고, 부모들은 다른 집 청년들에게서 자기 자식들의 마음을 알게 되었다고 한다. 서로에게 좋은 상담가가 되어주었다.

남의 부모, 남의 자식일 때 서로 간에 적당한 거리와 존중이 생겨 상대방을 통해 자신의 부모, 자신의 자식에 대해 이해가 깊어지고 몰랐던 것을 알게 되는 경우가 많다. 캠프에 참여한 다른 부모님들을 통해 자신의 부모를 받아들일 수 있게 되었다는 청년, 아직 받아들이진 못해도 어느 정도 이해는 할 수 있게 되었다는 청년, 많은 청년들이 자신의 부모도 이런 프로그램에 참여할 기회가 있었더라면 좋았겠다 했다. 그랬더라면 감정을 표현하는 법이나 서로를 대하는 태도가 달라질 수 있지 않았을까, 그랬더라면 오랜 시간 서로에게 상처 주는 일은 없지 않았을까 안타까워하기도 했다.

부모님들은 청년들의 말 한마디, 몸짓 하나에 온 신경을 집중했다. 자신의 자식이 방에서 나올 수 있는 실마리, 힌트라도 찾으려는 듯이. 부러움에 망연히 바라보면서 동시에 방에서 나온 청년들을 진심으로 응원했다.

행복공장의 모든 은둔 청년 프로그램에는 '은둔 고수'라 불리는 청년 두세 명이 도우미로 함께한다. 이들은 참가자로 온 은둔 청년들에게나 부모들에게 부러움의 대상이자 희망이다. 무엇을 특별히 하지 않아도 5년, 10년 은둔을 뒤로 하고 우리 앞에 서 있는 그 존재 자체만으로도 감동을 준다. 청년들은 '나도 언젠가 저렇게….' 부모는 부모 대로 '우리 자식도 언젠가….'를 되뇐다. 은둔 고수들은 "저도 방에서 나올 수 있을 거란 생각을 못 했어요. 끝나지 않을 줄 알았어요. 부모님들께서 이렇게 애쓰시니 꼭 나올 겁니다. 방 안에 있어도 다 알고 있을 거예요." 한마디 한마디 꾹꾹 눌러 말한다. 그들의 말은 누구의 위로보다 강렬하다.

나의 이야기 극장 Playback Theatre

〈나의 이야기 극장〉 플레이백 시어터는 관객의 이야기를 듣고 그 이야기를 그 자리에서 즉흥으로 보여주는 연극이다. 2000년에 내가 한국에 처음 소개하고 첫 공연팀을 꾸린 이래 25년이 되었다. 그동안 수많은 사람들의 이야기를 무대 위에 올렸고, 최근 5~6년은 은둔 청년과 그 가족과 함께 하는 〈나의 이야기 극장〉이 많아졌다.

플레이백 시어터는 1970년대 미국에서 시작되었다. 관객이 이야기한 것을 '플레이백'해서 보여주는 즉 '되돌려 보여주는' 연극이다. 우리말 이름으로 〈나의 이야기 극장〉이라 지었다. 관객 한 사람 한 사람이 '나의 이야기'가 연극 작품이 되는 것이란 의미에서 플레이백 시어터 연극 본질에 맞는 이름이란 생각이 들었다.

　나는 이 연극을 무척 좋아한다. 준비된 연극은 없고 준비된 배우와 연주자만 있다. 관객의 이야기가 있어야 하나의 공연이 존재하게 된다는 사실이 참 매력적이다. 관객이, 준비된 연극을 보는 수동적 역할이 아니라 연극의 필수적 조건이 되는 것인데, 무대와 객석 간의 적극적 소통이 공연을 더욱 역동적으로 만들고 극의 몰입도를 높인다.

　관객의 어떤 이야기이든 즉흥으로 담아낼 수 있도록 공연팀은 늘 훈련하고 준비가 되어있어야 한다. 미리 정해진 대본을 가지고 연습하고 준비해서 무대에 오르는 일반적인 연극에 비해 우리의 연극은 얼마나 불확실한지. 우리 삶과 꼭 닮은 이 불확실성이 공연을 더 밀도 있게 만든다. 현장에서 처음 듣는 이야기를 배우 혼자서 즉흥으로 표현하는 것도 쉽지 않을 텐데 네댓 명의 멤버가 한 마디 의논 없이 한 편의 연극을 즉석에서 만들어낸다. 이것은 관객의 이야기에 대한 선입견 없는 경청과 공감, 멤버들 간의 교감과 신뢰 등을 바탕으로 매 순간 생생하게 살아 있지 않고서는 도저히 다다를 수 없는 경지이다.

　1시간 반 정도 진행되는 공연에서 서너 명의 관객이 자발적으로 자신의 이야기를 나누게 되는데 이들은 무엇보다 공연 멤버들이 자신의 이야기를 진심을 다해 들어준다는 사실에 감동한다. 잘 듣지 않으면 할 수 없으니까!! 우리 공연팀도 처음부터 잘 듣진 못했다. 지난한 훈련과정을 거쳐 이제는 서로 눈빛만 봐도, 말을 해도 안 해도 척하면 척 알게 되었고, 관객의 이야기를 그대로 재연하는 것을 넘어 예술성 높은 작품을 만들 수 있게 되었다.

〈나의 이야기 극장〉에 이야기 주인공으로 참여한 관객들은 자신 안의 이야기를 여러 다른 관객 앞에서 드러내고 그것이 하나의 예술 작품이 되는 것을 지켜보게 된다. 이 과정에서 감정적 카타르시스를 경험했다고도 하고, 공감받고 위로받는 느낌을 받았다고 한다. 나아가, 자신의 이야기를 제삼자의 관점에서 바라보게 됨으로써 몰랐던 사실을 알아차릴 수 있게 되었다고 이야기한다.

많은 관객들은 〈나의 이야기 극장〉을 '따뜻한' 공연이라고 말한다. 사는 게 힘들고 하고 싶은 말이 많아도 어디 나의 이야기를 속 시원히 할 수 없는 시대. 우리 연극에서는 모두가 귀를 세우고 편견 없이 들어준다. 내 이야기에 진심으로 공감하고 같이 울고 같이 웃고 박수쳐준다. 그러니 따뜻하다고 할밖에. 접속만 있고 접촉이 없어진 세상에서 서로를 보듬고 공동체성을 살릴 대안이라고 하면 과장일까.

〈나의 이야기 극장〉을 공연하는 극단이 마을마다 있어서, 누구든 언제든 이야기하고 싶을 때 가서 이야기하고, 다른 사람 사는 이야기도 듣고 이러면 좋겠단 생각을 한다. 예술이 우리의 일상 가까이, 깊숙이 들어오는 상상. 그러면 우리 사는 세상이 조금은 지금보다 살만하지 않을까. 일단 서울시 구마다 '나의 이야기 극장' 극단 하나씩 만드는 걸 목표로 이런저런 시도를 해보았는데 아직 아무런 성과가 없다. 그래도 여전히 나는 꿈꾼다. 전국 곳곳에서 〈나의 이야기 극장〉 공연이 올라가는 꿈, 우리의 일상이 예술이 되고, 예술이 우리의 일상을 살려내는 꿈을.

움직이는 섬

행복공장의 다양한 프로그램에 참여한 청년들은 감사하게도 짧은 시간 안에 큰 변화를 보여주었다. 캠프나 공연에 여러 번 참여하는 청년들이 늘었는데 올 때마다 더 편안해지고, 당당해진 모습을 보여줬다. 청년들과 행복공장과의 유대와 신뢰가 깊어졌고, 이는 그들의 회복과 성장에 분명 큰 도움이 되었을 것이라 생각한다. 하지만 다음 단계가 필요하다는 생각이 들었다. 단속적이지 않은, 좀 더 긴 호흡의 프로그램, 함께 사는 것까지는 아니어도 몇 개월 지속되는 프로그램, 그 안에서 회복하고, 친구도 사귀고, 미래도 준비할 수 있는 그런 프로그램이 청년들에게 필요했다.

다행히 한국주택공사의 후원으로 보다 지속적이고 통합적인 프로그램을 진행할 수 있게 되었다. 한 기수 10명, 6개월 과정의 '움직이는 섬' 프로젝트! 상담, 관계 형성 워크숍, 예술치유 캠프, 직업교육, 일 경험, 공동생활로 구성되었고, 2024년 한 해 동안 세 기수 총 30명이 이 과정을 수료했다.

섬처럼 홀로 떠 있는 은둔 청년들이 서로 부딪히고 만나 대륙이 되는 상상! 사실 대륙으로 뭉칠 필요도 없지. 이미 바닷속에선 연결되어 있으니까. 그 연결감만 확인하면 되는 거 아닐까. '움직이는 섬'은 1년 내내 쉼 없이 진행됐다. 1기 6개월 과정이 끝나기 전에 2기가 시작되고, 또 3기가 겹쳐 진행되었다. 청년 1명에게라도 더 혜택이 갔으면 해서였다. 행복공장도 열심히 했지만, 참여 청년들도 열의가 대단했다. 중간에 취업으로 그만둔 서너 명을 제외하면 낙오자가 거의 없었다.

은둔 경험이 있는 청년들은 친구가 없는 경우가 많다. 오랜 기간 관계를 단절하고 지냈기 때문이다. 친구가 한 명도 없다니! 하지만 이건 은둔 청년만의 특징은 아닐 것이다. 많은 인간관계의 접촉면은 점점 좁아지고 있고 이러다 아예 없어지는 세상이 오는 건 아닌지 우려스럽다. 행복공장에 온 청년들의 회복이 빠르다고 한다면 그건 프로그램 내용이 좋아서이기도 하지만 프로그램을 통해 안전한 인간관계가 생기고 신뢰할 수 있는 친구를 얻게 되어서라고 말할 수 있다.

어느 정도 회복된 청년들을 기회 있을 때마다 행복공장의 여러 프로그램에 스태프로 참여시킨다. 한번은 '백지'가 '나의 이야기 극장' 조명감독 보조로 참여했다. 이 공연에 백지 어머니께서 관객으로 오셨는데 공연 내내 울음을 그치지 않으셨다. 공연에 감동을 받으셨나보다 했더니 그게 아니었다. 아들 백지가 친구인 듯 보이는 청년이랑 웃으며 이야기 나누는 모습을 보고 그렇게 우셨단다. 영영 친구를 못 사귈 줄 아셨다고. '감자'는 '움직이는 섬'을 함께한 청년들과 노래방도 놀이동산도 평생 처음 가보았다고 하고 밤새 보드게임을 같이 하며 "오 해피 데이"를 외쳤단다. 12년 고립 은둔을 하고 사람 만나는 게 제일 두려웠다는 그가 친구와 함께 있을 때 제일 행복하다고 한다.

청년 커피차 '영차'

은둔 청년들이 궁극적으로는 무언가 자신의 일을 찾고 그 길로 나아갈 수 있도록 해야 하는데 치유 및 회복 프로그램을 하는 것만으로는 부족했다. 그래서 '움직이는 섬' 프로젝트 안에 바리스타 교육, 목공 과정을 포함하고 카페 등에서 일 경험을 하도록 했다. 하지만 단기간 카페 실습도 일시적 경험에 그칠 뿐이어서 다른 대안이 필요했다. 그때 떠올린 것이 커피 트럭 서비스이다. 카페보다 운영이 용이해 보여서였다. 몇몇 기업에 '청년 커피차' 사업 제안을 했지만 허탕이었다.

그래서 시민 모금을 해보기로 했다. 행복공장이 설립부터 지금까지 많은 분들의 후원으로 운영되고 있지만 이런 큰 규모의 사업에 모금을 하는 건 처음이었다. 2달 만에 7천여만 원이 모였다. 우리처럼 작은 단체에서 어떻게 이게 가능했었는지. 그저 놀랍고 감사할 뿐이다. 1톤 트럭을 사서 커피차로 개조하고 '청년 커피차 영차'라는 이름을 달고 첫 출동을 하기까지 6개월여 걸렸다. 처음 나간 곳은 부천의 한 성당이었다. 그 이후로도 성당의 큰 행사 때면 빠짐없이 '영차'를 불러주었다.

처음 '영차' 행사 나갔을 때 청년들이 생각난다. 방에만 있던 청년들이 수백 명 사람들 사이에서 주문받고 커피 서비스하면서 동공이 흔들리고 얼굴이 벌게지고 그야말로 패닉 상태였다! 몇 개월 단련 기간을 거친 청년들은 그 뒤 모기업 행사에선 서너 시간 안에 1,000잔이 넘는 음료를 거뜬히 서비스하기도 하고, 3~4일씩 진행되는 지방 축제에 나가 높은 매출을 올리고 덩실덩실 춤추기도 했다. 일을 하면서 기량이 늘고 돈 벌고 하는 재미도 크지만, 동료들과 함께 무언가를 해낸다는 게 제일 기쁘고 보람차다고 말한다.

'영차'가 시작된 지 2년이 되어간다. 단체나 기업 행사, 지역 축제, 교회나 성당 행사 등 어디든 부르면 달려간다. 청년들은 베테랑 바리스타가 되었고 이제 당일 행사에서만 역할을 하는 게 아니라 재료 준비도 한다. 레몬을 씻고 썰고 유기농 설탕에 재어 레몬청을 만들고 밀크티 베이스도 직접 만든다. 은둔 청년 자립을 도우려는 고객에 대한 고마움에, 가능한 좋은 재료로 정성껏 준비한다.

하지만 아직 사업적으로는 상황이 열악하다. 청년 바리스타 일당 정도만 겨우 챙겨주는 정도. 그 외 인력은 자원봉사로 지원되고 있다. 어쩌다 '영차' 운영국장, 관리국장 역할을 하고 있는 두 분은 월급은커녕 청년들 밥 사 먹여 가며 운전에다. 힘쓰는 일, 허드렛일 모든 걸 도맡아 해주고 계신다. 은퇴 후 의미 있는 일을 할 수 있게 되어 고맙다고 말하지만, 그저 미안할 뿐이다. 아직 전용공간이 없어 모 단체 사무실에 신세를 지고 있다. 커피차라고 해서 차 한 대만 있으면 되는 줄 알았는데 살림살이가 꽤나 많다. 더부살이하기에 많이 죄송한 수준이다.

우리가, 우리를

내가 누군가에게 도움이 되고, 나의 것을 나눌 수 있을 때, 나로서 당당해질 수 있다고 생각한다. 청년들의 성장과 자립에 나눔과 봉사 경험이 큰 도움이 될 것 같아 여기저기 길을 찾아보았다. 해외 어린이 교육지원 사업을 하는 사단법인 올마이키즈의 후원으로 길이 열렸다. 캄보디아 청소년을 위한 환경교육 프로젝트! 프로젝트 명 '우리가, 우리를'.

행복공장과 신뢰 관계가 두터운 청년 5명이 캄보디아 현지 청소년에게 맞는 환경교육 자료를 만들어 봉사활동을 다녀왔다. 시골 마을 공부방을 하루에 두세 군데씩 방문해 환경 수업을 했다. 700명이 넘는 아이들을 만나고 왔는데 환경교육을 한 것도 좋았지만 그곳 아이들의 순수함, 미소, 환대에 청년들은 무척 감동했다. 짧은 봉사활동이었지만 앞으로 무슨 일을 해야 할지 확실히 알게 되었다는 청년도 있었고 초롱은 아예 다니던 직장을 그만두고 국제협력 쪽 일을 하겠다고 했다.

도움을 주는 나라와 도움을 받는 나라를 동시에 살리는 국제협력 사례는 흔치 않다고 한다. 캄보디아 청소년에 도움이 되는 동시에 한국의 은둔 청년을 돕는 사업인 '우리가, 우리를'은 해외지원 모델 중 아주 이상적인 모델로 평가될 수 있단다. '우리가, 우리를'이 얼떨결에 성공 사례가 되었다. 은둔 청년 활동 지원이 쉽지 않은 결정이었음에도 전격 지원해준 올마이키즈에 감사드린다. 청년들에게 그냥 한 걸음 진전이 아니라 도약의 기회가 되었다.

아이를 키우는 데 온 마을이

이렇게 청년 살리기에 많은 정성이 모였다. 한 아이를 키우는 데 온 마을이 필요하다더니 딱 맞는 말임을 알겠다. 행복공장과 인연이 된 많은 청년들이 짧은 시간 안에 편안해지고 자신의 자리를 찾아가는 게, 모두 앞에서 끌고 뒤에서 밀어주는 수많은 손길 덕분이란 생각이 든다. 행복공장 혼자서는 어림도 없는 일이다.

 행복공장도 지난 5~6년간 은둔 청년 관련 사업을 열심히 했다. 정부 부처나 기업 재단 등에 사업 제안서를 내고 선정이 되면 수행하는 식이었다. 청년과 부모를 위한 치유캠프와 〈나의 이야기 극장〉 공연은 행안부, 라이나 전성기재단 후원으로 할 수 있었고, 생활연극전문가 과정은 서울시, 교보생명, 사회연대은행, 청년재단의 후원으로, 직업교육과 일 경험 지원은 한국주택공사, 라이나 재단의 후원으로 했다. 참 다행하고 감사한 일이지만 지속적인 지원을 받기가 어렵다. 사업 성과가 좋아도 다음 해 지원이 보장되지 않는 경우가 많았다.

　행복공장이 문을 연 이래 10년이 넘도록 해마다 적자여서 비영리단체의 숙명인가 했다. 그래도 문 닫지 않고 운영할 수 있음을 다행으로 여겼다. 어찌어찌 코로나 위기를 넘기고 한숨 쉬는가 했더니 더 힘들어졌다. 우리 같은 일을 하는 단체가 정권 바뀐다고 영향을 받는다니!! 때마침 라이나 전성기재단의 지원으로 위기를 넘겼다. 작년, 올해 라이나 사회공헌재단 덕에 행복공장은 고사 직전 살아났고 은둔 청년들도 큰 도움을 받았다. 참 감사하다.

　여전히 행복공장은 한해살이다. 이 불안정성을 어떻게 해결할 수 있을지, 아니 줄이기라도 할 수 있을지 묘책이 떠오르지 않는다. 꼭 필요한 사업을 지속적으로 할 수 없다는 건 얼마나 맥 빠지는 일인지. 대안을 찾아야 하는데 쉽지 않다. 행복공장을 잘 아는 사람들은 많이 안타까워한다. 프로그램 좋고, 뜻도 좋고, 함께 하는 사람들 좋고, 사업 성과도 출중하고 한데 어떻게 이렇게 오래 불안정한 상태냐고, 세계 수십 개 방송에서 취재해가면 뭐하냐고 속상해한다.

　하지만 크게 걱정하지는 않으려 한다. 무엇보다 우리 청년들이 있으니까. 지금은 청년들이 온 마을의 도움을 받고 있지만 동시에 그들도 마을을 돕고 있다. 앞서 말했듯 행복공장 프로그램에 다양한 스태프로 참여하고 있고 서울 사무국, 홍천수련원, 커피차 '영차'에서도 일하고 있다. 이미 행복공장에 없어서는 안 되는 사람이 되었다. 다른 곳에서도

그럴 것이다.

청년들과 함께 있으면 든든하다. 또래의 다른 청년들과 굳이 비교하자면 속 깊고 배려심이 깊다. 잘 들을 줄 알고 잘 살필 줄 안다. 소위 사회 주류에서 많이 뒤쳐졌다는 생각에 쫓아가기를 포기한 탓인지, 세상의 가치에서 오히려 자유롭다. 솔직하고 겸손하며 겉치레가 적다. 이 정도면 암울한 우리 사회에 빛의 역할을 하지 않겠나. 나는 그들을 세상을 구할 어벤저스라 부른다. 아직 불안감, 두려움이 많은 청년들. 불안하지 않은 사람, 두렵지 않은 사람은 없단다. 용기란 두려움이 없는 게 아니라 두려움과 함께 한 발짝 나아가는 거지.

행복공장은 은둔 청년 사업에 집중했던 기간에도 꾸준히 다른 대상들과도 만났다. 사각지대 청소년, 일반 청소년, 돌봄 가족, 장애인 등. 행복공장은 은둔 청년뿐만 아니라 쉼이 필요하고 회복이 필요한 누구든, 자기 돌봄, 자기 돌아봄을 원하는 누구에게나 열려 있다. 행복공장이 많은 이들에게 쉼과 회복의 퀘렌시아가 되기를 바란다. 동시에 행복공장을 퀘렌시아로 키워가는 데 함께할 동지가 늘어나길 바란다.

에필로그

이제 서로를 행복으로 물들여야 할 때

노지향

행복공장을 왜 하냐구요?

내가 행복하지 않아서

행복해 보이는 사람이 별로 없어서

다들 수심이 가득해 보여서

행복하지 않은 내가

너를 물들일 것 같아서

행복하지 않은 너에게

내가 물들 것 같아서

행복으로 물들이는

너와 내가 되고 싶어서

그래서 오늘도

행복공장을 합니다.

─ 권용석, 『꽃 지기 전에』

  행복공장을 시작한 지 16년. 행복공장을 통해서 많은 사람들이 '서로를 행복으로 물들'였을 거라 감히 믿는다.
    이 책에 소개된 청년들과 부모님들이 행복공장을 통해 조금이라도 행복해졌기를 바란다. 또 우리 주인공들의 이야기를 통해 비슷한 처지의 이들이 위로와 희망을 얻게 된다면 좋겠다. 나아가 은둔 문제와 전혀 무관한 듯 보이는 많은 사람들이 이 문제를 나의 문제, 우리의 상황으로 받아들이게 되길 진정으로 바란다. 그래야 은둔 당사자와 그의 가족만으로는 도저히 풀기 어려운 이 상황을 조금이라도 낫게 하기 위해, 마음을 모으고 지혜를 모아 행동할 수 있을 테니까.

  5년, 10년 닫혀있는 문 앞에서 희망을 놓지 않는다는 건 얼마나 어려운 일인가. 하지만 긴 은둔의 시간을 뒤로 하고 문을 열고 나온 청년들이 당당히 자신의 길을 걸어가고 있는 모습을 보았으니 좀처럼 열릴 것 같지 않은 문 앞에서도 희망을 품을 수 있지 않을까. 그 문 앞을 함께 지켜줄 누군가가 있다면 훨씬 덜 절망적이지 않을까.

  방 안의 청년들도 말한다. 자포자기의 나락에 빠져있어도 나가고 싶고, 살고 싶은 마음이 있었다고. 스스로 문을 열고 나오는 일은 어렵지만,

누군가 문 앞에서 기다려주고, 손 내밀고 있다면 언젠가는 그 손을 잡으러 문을 열 거라고 우리를 안심시킨다. 행복공장을 통해 그런 사례를 많이 보았다. 방에서 나왔다고 문제가 해결되는 것은 물론 아니다. 일단 나와서 어느 정도 회복되었다가도 다시 방으로 들어가는 경우도 적지 않다. 재고립, 재은둔 비율이 50%가 넘는다고 한다.

하지만 행복공장과 꾸준히 관계를 이어온 청년들의 경우 그 비율이 확연히 낮다. 이만하면 5년 넘게 한 청년들과의 실험이 성공적이었다고 말할 수 있지 않을까. 앞으로도 더 많은 은둔 경험 청년들과 만나 행복한 실험을 이어가면 좋겠다.

행복공장은 작은 규모의 단체로 함께 하는 사람도 많지 않다. 그렇기 때문에 한 사람 한 사람의 역할이 중요하다. 누구 하나라도 없으면 안 되는 모두가 필수 불가결한 관계이다. 한 자리만 비어도 전체가 영향을 받는 이 불안정성이 불편하게 느껴진 적도 있지만, 지금은 오히려 결속감으로 받아들여진다. 동지애 또는 전우애 비슷한 느낌이라고 할까. 후원회원, 이사진, 사무국과 수련원 식구들, 인턴 청년(모두 은둔 경험이 있는), 프로그램 강사, 나의 이야기 극장 팀, 커피차 영차 멤버. 자원봉사자, 모두가 제 자리에서 역할을 해주어서 오늘도 행복공장은 돌아가고 있다.

굳이 하지 않아도 될 일을 굳이 하는 사람들의 선의로 세상은 살만하다고 생각한다. 이 책도 임지영, 권복기 두 분의 선의로 세상에 나오게 되었다. 청년들과 부모님들을 인터뷰하고 글 쓰는 것뿐만 아니라 책 만드는 전 과정을 두 분이 진행했다. 아울러 인터뷰에 기꺼이 응해준 청년들과 부모님, 쉽지 않은 주제, 긴 글을 응당 해야 할 일인 듯 열정적으로 써준 필자들의 선의가 있어서 이렇게 이른 시간 안에 책을 내어놓을 수 있게 되었다. 책을 만드는 내내 감사했고 행복했다.

권용석의 사랑으로 태어난 행복공장. 많은 분들의 더 큰 사랑을 먹고 성장 중이다. 더 많은 행복을 생산 중이다. 행복해진 사람들이 다른 이의 행복을 위해 무언가를 나누고, 내가 받은 것을 다른 누군가에게로 되갚는 '선의의 공명'이 행복공장 안에서 일어나고 있다고 믿는다.

높은 이상이나 거창한 구호보다 '한 번에 한 사람'이란 구체성에 기대고 있는 행복공장의 걸음이 더디게 느껴질지도 모르겠다. 그래도 한꺼번에 들판을 태우는 거대한 불꽃보다는 한 사람에서 다른 한 사람에게로 전해지는 등불의 길을 가려 한다. 이 길을 함께 걸어갈 길동무가 더 있으면 좋겠다. 때로는 말없이 곁을 지켜주고, 때로는 신나게 같이 춤출 그런 친구가 늘어나면 좋겠다.

지친 우리 청년들에게 그늘을 주고 기댈 등을 내어주는 든든한 나무. 그런 나무가 무성한 숲을 꿈꾼다.

방구석이 좋을 리가 있나

초판 1쇄 인쇄	2025년 11월 26일
초판 1쇄 발행	2025년 12월 3일
지은이	햅삐펭귄 프로젝트
펴낸이	정해종
펴낸곳	(주)파람북
출판등록	2018년 4월 30일 제2018-000126호
주소	경기도 파주시 회동길 480 아트팩토리엔제이에프 B동 222호
전자우편	info@parambook.co.kr
인스타그램	@param.book
페이스북	www.facebook.com/parambook/
대표전화	031-935-4049
편집	현종희
디자인	이승욱
ISBN	979-11-7274-071-9 03810

- 책값은 뒤표지에 있습니다.
- 이 책은 저작물 저작권법에 따라 보호받는 저작물이므로 무단 전재와 복제를 금하며, 이 책 내용의 전부 또는 일부를 이용하시려면 반드시 저작권자와 (주)파람북의 서면 동의를 받아야 합니다.